홍쌤의 수학 talk 톡하자

홍선호 지음

입체도형과 확률 3

KW 교우미디어

머리말

재미있는 이야기는 어느 누구나 좋아합니다. 그래서 재미있는 이야기를 활용하면 기억에도 오래 남고 학습효과도 크게 올릴 수 있습니다. 수학에서 사용하는 용어나 개념이 하나씩 만들어질 때마다 그에 얽힌 이야기가 하나쯤은 만들어지는데, 그 이야기를 재미있게 꾸며서 읽을거리로 만들었습니다.

과학과 기술이 매우 빠르게 발전하고 있는 오늘날에도 수학은 결국 사람의 필요에 의해 만들어낸 학문이라는 사실을 알아야 합니다. 그리고 이 책을 읽어 나가는 동안, 이 책에 실린 이야기를 읽고 수학을 좋아하게 되는 아이들도 분명히 생겨날 것입니다. 그 중에는 수학의 매력에 푹 빠지게 되는 아이들도 있을 것이며, 훗날 위대한 수학자로 자라날 아이들도 있을 것입니다.

이 책은 다양한 방법으로 활용할 수 있습니다. 수학 시간을 좀 더 재미있게 진행하기 위해서 선생님이 큰 소리로 이 책에 나온 이야기를 읽어 줄 수 있습니다. 일주일에 한두 개의 이야기를 읽어 주는 것만으로도 아이들은 수학의 개념과 원리의 멋진 부분을 알게 될 것입니다. 그리고 수학의 개념을 설명할 때, 이 책에 나온 이야기들을 활용해도 됩니다.

또한 아이들이 직접 책을 읽거나 수업 시간, 혹은 수업이 끝나고 나서 조를 이루어 이야기를 읽어 나가도록 해도 좋습니다. 무엇보다 각 장마다 개별적인 이야기를 다루고 있고 내용도 짧아서 쉽게 읽을 수 있을 것입니다.

이 책을 읽어 나가는 동안 여러분은 수학의 용어와 개념의 의미를 쉽게 알게 될 것입니다. 처음부터 끝까지 한 번에 읽어 버릴 수도 있겠지만, 한 번에 한 가지 이야기만 읽는 편이 더 재미있을 수 있습니다.

아무쪼록 이 책을 통해서 많은 사람들이 수학을 더 좋아하고, 흥미를 느낄 수 있었으면 좋겠습니다.

홍선호

Contents

홍쌤의 수학톡하자 - 각기둥

홍쌤의 수학톡하자 - 원기둥

Contents

홍쌤의 수학톡하자 - 각뿔과 원뿔

홍쌤의 수학톡하자 - 구

Contents

홍쌤의 수학톡하자 - 경우의 수

홍쌤의 수학톡하자 - 확률

Contents

홍쌤의 수학톡하자 - 통계

홍쌤의 수학톡하자 - 그래프

홍쌤의 수학톡하자 - 각기둥

1-1 밑면이란 아랫면을 말하는 걸까요

1-2 각기둥에서 나타나는 규칙들

1-3 정육면체의 전개도를 만드는 방법

1-4 정육면체의 단면

1-5 정육면체와 직육면체의 겉넓이

1-6 각기둥의 부피를 구해봅시다

홍쌤의 수학톡하자

1-1

밑면이란 아랫면을 말하는 걸까요

"각기둥은 마주보는 두 개의 밑면이 서로 평행이지요."

'밑면이 왜 두 개지?'

아래에 있는 면은 분명이 하나밖에 없는데 왜 밑면을 두 개라고 하는지 생각이는 도무지 이해할 수가 없습니다. 아래에 있으니까 밑면, 다른 하나는 위에 있으니까 윗면이라고 해야 될 것 같은데 말입니다.

수학톡하자 1-1

"야, 그게 뭐가 그렇게 궁금해? 각기둥은 아래에 있는 면과 위에 있는 면이 합동이니까 거꾸로 세워놓으면 위에 있는 면이 아래로 내려와서 밑면이 되잖아. 그러니까 그냥 밑면이라고 하는 거야. 원래 그렇게 정해져 있는 건데 그게 왜 궁금한 건데? 생각이 넌 참 쓸 데 없는 생각을 너무 많이 하더라."

옆에 있던 평범이가 생각이에게 핀잔을 줍니다. 생각이는 더 이상 말은 하지 않았지만 밑면에 대한 궁금증이 좀처럼 가시지 않아 답답하기만 합니다.

아래의 그림과 같은 직육면체에서 색칠한 마주보는 두 면이 평행하고 합동이면 두 면을 밑면이라고 합니다. 그런데 여기서 우리가 조심해야 할 것은 밑면이 '아래에 있는 면'이란 뜻이 아니라는 것입니다.

밑면을 영어권에서는 'Base Plane'이라고 하는데, 이 말의 의미는 아래에 있는 면이란 뜻이 아니고, '기본이

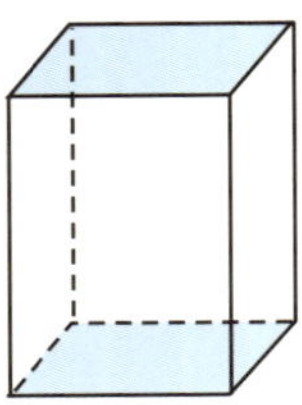

되는 면' 또는 '바탕이 되는 면'이란 뜻입니다. 우리나라 말에도 '밑'이란 뜻이 '아래'라는 의미로 사용되기도 하지만 '밑그림', '밑바탕'처럼 영어의 'Base'의 의미로

사용되고 있음을 알 수 있습니다.

다시말해 밑그림이란 아래에 있는 그림이 아니라 어떤 그림을 그리기 위한 바탕이 되는 그림이라는 뜻을 말하는 것입니다. 따라서 직육면체의 밑면이란 직육면체를 안정적으로 세워 놓을 수 있는 바탕이 되는 면이란 뜻입니다. 또한 다음의 그림처럼 밑면의 모양에 따라 다면체나 회전체의 이름이 결정되기 때문에 밑면은 아래에 있는 면이 아니라 도형의 이름을 결정짓는 중요한 면이라고 생각해야 합니다.

그런데 중국의 수학책에서는 이러한 밑면을 '저면(底面)'이라고 사용하고 있는데 이는 많이 잘못된 것이라 할 수 있습니다. 따라서 우리나라의 수학책도 아랫면으로 오해를 일으키는 밑면이란 단어보다는 '바탕면'이란 이름으로 바꾸면 좋겠다는 생각을 합니다. ★

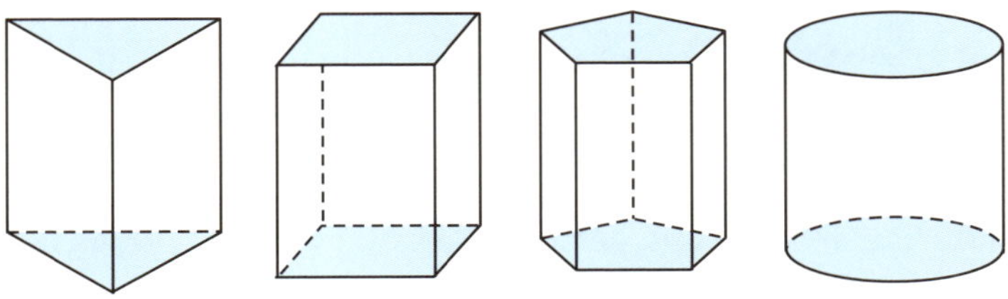

〈삼각기둥〉 〈사각기둥〉 〈오각기둥〉 〈원기둥〉

- 2

각기둥에서 나타나는 규칙들

각기둥 마을에는 크고 작은 여러 가지 모양의 각기둥 건물이 즐비합니다.

대충건설사의 주먹구씨는 자신의 감각으로 늘 승부하지만 번번이 경쟁사인 정확건설사의 각기박씨에게 밀려서 그 스트레스가 이만저만이 아니었습니다.

정확건설사의 기둥박사인 각기박씨는 기둥마을의 건축 설계를 담당하고 있는 기술자입니다. 각기박씨의 설계는 한 치의 오차도 없이 정확해서 어떤 각기둥 건물이건 문제없이 척척 튼튼하게 잘도 지어냅니다. 각기박씨

각기둥에서 나타나는 규칙들

는 짓고자하는 건물의 골재를 어떻게 세워야 하는지, 기둥이 몇 개가 필요한지, 건물 면수에 따라 창문을 몇 개 달아야 하는지 등 최단 시간에 최소의 비용으로 최대의 효과를 내는 유능한 기술자였습니다.

KBC방송국에서는 올해의 인물로 기둥박사인 각기박 씨를 선정해 인터뷰를 요청했습니다.

기자 : 각기박 박사님, 어떻게 해서 그렇게 빠르고 정확하게 기둥들을 세울 수가 있는 겁니까? 특별한 박사님만의 노하우가 있는 건가요?

각기박 : 허허, 밑면의 모양만 알면 아주 간단하답니다.

기자 : 밑면의 모양이요?

각기박 : 밑면의 모양에 따라서 면, 모서리, 꼭짓점의 수가 일정한 규칙으로 증가하거든요. ★

도형	삼각기둥	사각기둥	오각기둥
면의 수	5	6	7
모서리의 수	9	12	15
꼭짓점의 수	6	8	10

(면의 수) = (밑면의 변의 수) + 2
(모서리의 수) = (밑면의 변의 수) × 3
(꼭짓점의 수) = (밑면의 변의 수) × 2

1-3

정육면체의 전개도를 만드는 방법

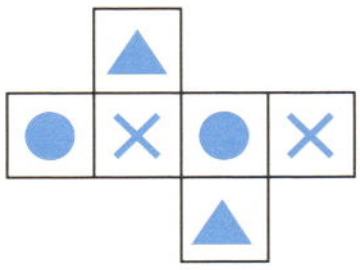

오른쪽 그림은 정육면제의 전개도입니다. 전개도 속에 있는 ○와 ○, ×와 ×, △와 △는 서로 마주보는 면입니다.

○와 ○는 ×를 사이에 두고 이웃하는 면이므로 서로 마주보는 면임을 알 수 있습니다.

×와 ×는 ○를 사이에 두고 이웃하는 면이므로 서로 마주보는 면임을 알 수 있습니다.

정육면체의 전개도를 만드는 방법

그런데, △와 △는 서로 마주보고 있지 않습니다. 그러나 다음과 같이 면을 회전시키면 서로 마주보지 않던 면도 서로 마주보는 면이 됩니다. 그리고 이러한 전개도를 정육면체의 전개도를 정육면체의 전개도의 표준형이라고 합니다.

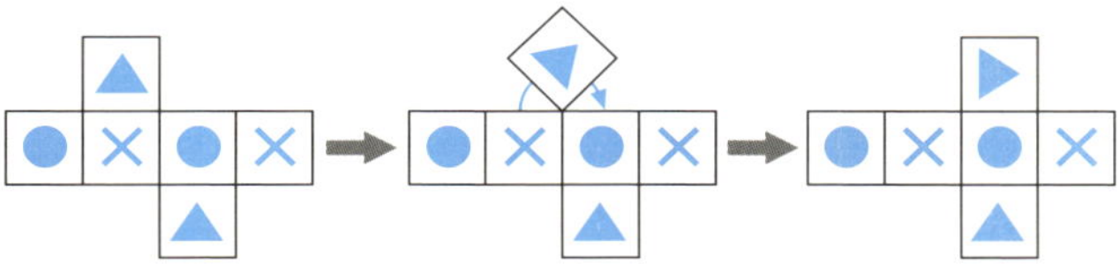

그리고 다음과 같은 전개도도 정육면체의 전개도 중의 하나입니다. 왜냐하면 이러한 전개도도 다음과 같이 회전시키면 전개도의 표준형이 되기 때문입니다.

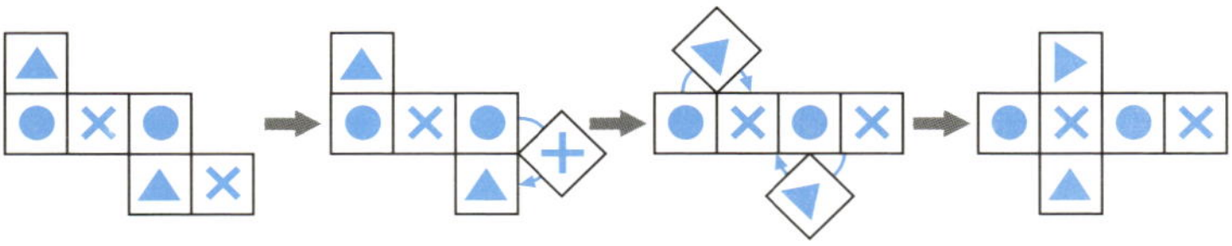

정육면체의 전개도는 모두 11가지인데, 1·4·1 전개도가 모두 6개, 1·3·2 전개도가 모두 3개 2·2·2 전개도가 1개, 3·3전개도가 1개입니다.★

수학톡하자 1-3

〈1·4·1 전개도〉

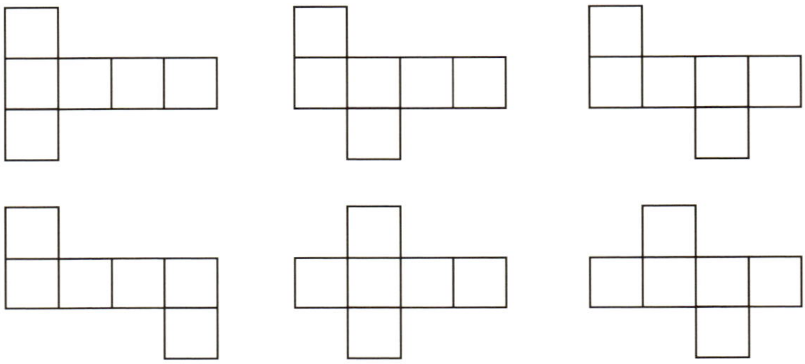

〈1·3·2 전개도〉

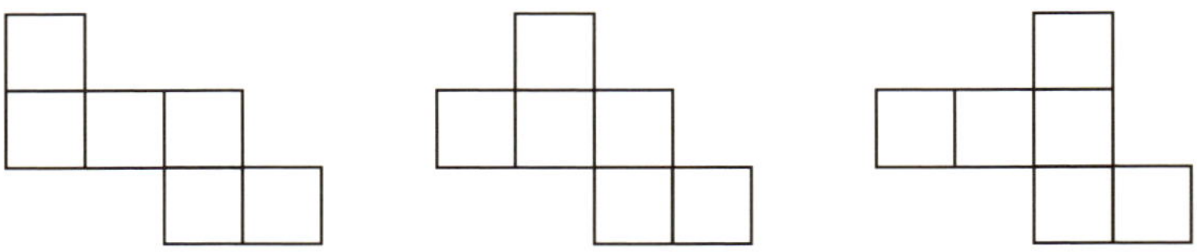

〈2·2·2 전개도〉

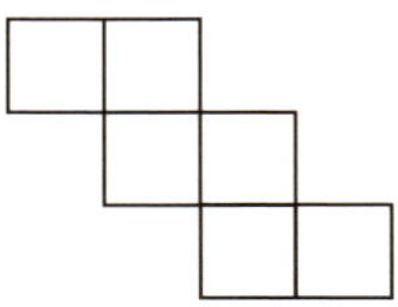

〈3·3 전개도〉

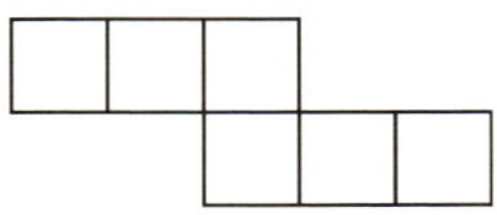

-4

정육면체의 단면

정육면체를 자를 때 나타나는 사각형은 정사각형, 직사각형, 마름모, 평행사변형, 사다리꼴 5종류뿐입니다.

그럼 이번에는 삼각형이 나타나도록 잘라봅시다.

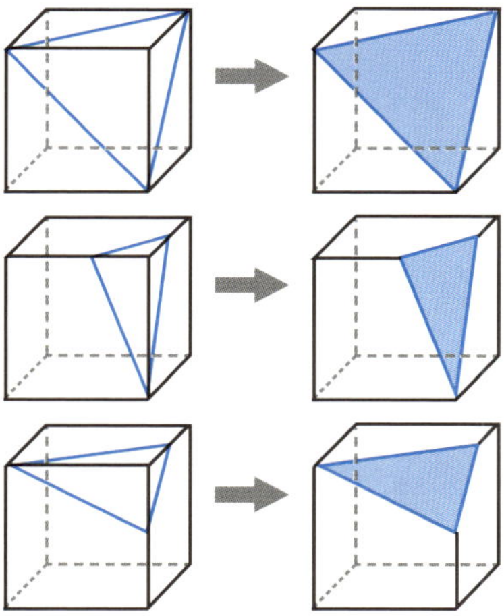

그리고 다음과 같이 자르면 오각형과 육각형이 나타납니다. ★

수학톡하자 1-4

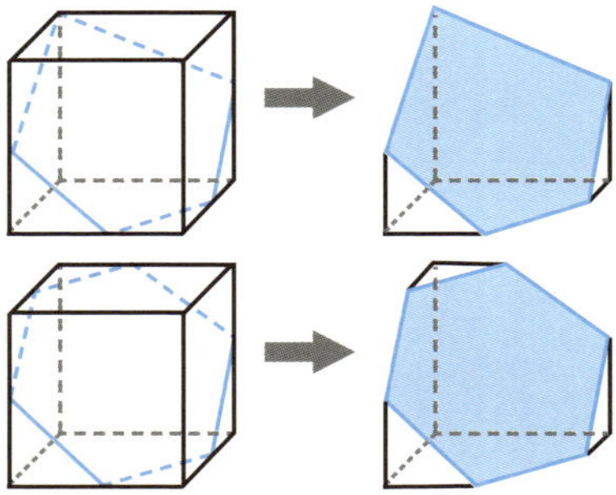

5

정육면체와 직육면체의 겉넓이

입체도형을 평면으로 펼치면 전개도가 되는데, 평면에 펼쳐진 전개도에서 각각의 사각형 넓이를 모두 합하면 입체도형을 둘러싸고 있는 겉면의 넓이가 된답니다. 우리는 이것을 평면 도형의 넓이와 구별하여 입체도형의 '겉넓이'라고 합니다.

다음 그림의 직육면체와 그 전개도를 보면서 겉넓이를 구해 봅시다.

수학톡하자 1-5

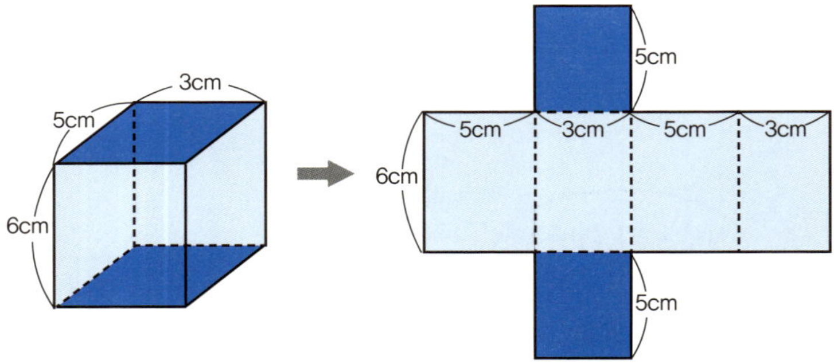

직육면체의 전개도를 살펴보면, 파란색 부분과 하늘색 부분으로 나눌 수 있어요. 파란색 부분은 직육면체에서 밑면에 해당됩니다. 그리고 직육면체의 두 밑면의 넓이가 같으므로 한쪽 밑면의 넓이를 구해서 2배하면 파란색 부분의 넓이를 구할 수 있어요. 따라서 한쪽 밑면의 넓이는 $3 \times 5=15$㎠이고, 파란색 부분의 넓이는 $15 \times 2=30$㎠가 됩니다.

하늘색 부분은 직육면체의 옆면으로 전개도를 보면 커다란 직사각형을 이루고 있습니다. 이 커다란 직사각형의 넓이는 (가로의 길이)×(세로의 길이)입니다.

따라서 직육면체의 옆넓이는 $(5+3+5+3) \times 6=96$㎠가 되고 위의 직육면체의 겉넓이는 $30+96=126$㎠라는 결과가 나옵니다.

결국 직육면체의 겉넓이 구하는 식은 다음과 같습니다.

(겉넓이)=(밑넓이)×2+(옆넓이)

그런데 옆넓이를 구할 때, 전개도에서 커다란 직사각형의 가로의 길이는 밑면의 둘레의 길이와 같고, 세로의 길이는 직육면체의 높이와 같습니다.

곧

(옆넓이)=(밑면의 둘레의 길이)×(높이)

임을 알 수 있지요. 이러한 원리를 이해하면 전개도를 그리지 않아도 정육면체나 직육면체의 겉넓이를 쉽게 구할 수 있습니다. ★

-6

각기둥의 부피를 구해봅시다

가로, 세로, 높이가 각각 10㎝인 정육면체 그릇에 가득 든 물을 1000mL(1L)라고 쓰여 있는 우유팩에 부으면 처음 우유가 들어 있던 곳만큼 가득 차게 됩니다. 이것으로 보아 정육면체 그릇은 1000mL(1L)짜리 우유팩과 모양은 다르지만 그 부피는 같음을 알 수 있습니다. 다시 말하면 한 모서리의 길이가10㎝인 정육면체 그릇의 들이와 1000mL(1L)가 같다는 것입니다.

그렇다면 부피를 보다 쉽게 구할 수 있는 방법에는 어

떤 것이 있을까요? 우리는 평면도형의 넓이를 잴 때 가로와 세로의 길이가 1㎝인 정사각형 즉 단위넓이를 사용한다고 배웠습니다. 이와 마찬가지로 입체도형의 차지하는 크기 즉, 부피를 잴 때에는 가로, 세로, 높이가 모두 1㎝로 일정한 정육면체를 사용합니다. 그래서 한 모서리의 길이가 1㎝인 정육면체를 단위부피라고 합니다. 그렇다면 모서리의 길이가 모두 10㎝인 정육면체의 부피는 어떻게 구할 수 있을까요? 먼저 1㎤인 정육면체로 모서리의 길이가 모두 10㎝인 정육면체의 속을 채운다고 생각해 봅시다. 그럼 가로, 세로, 높이가 각각 1㎝인 정육면체를 가로에 10개, 세로에 10개를 놓아 10층을 쌓을 수 있습니다. 그러면 1㎤ 단위부피가 10×10×10=1000(개)가 되고, 1㎤가 1000개이므로 1000㎤가 됩니다. 이처럼 입체도형의 부피는 1㎤인 단위부피가 몇 개 들어갈 수 있는지를 보고 양을 나타내는 것입니다. ★

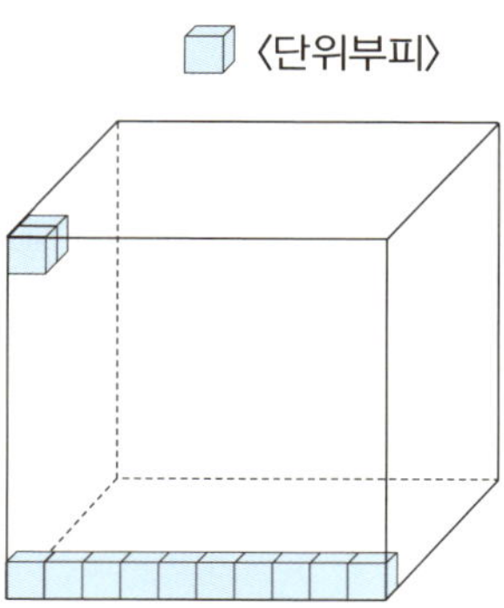

홍쌤의 수학독하자 - 원기둥

홍쌤의 수학톡하자

2-1

회전체를 만들어보자

평면나라의 북쪽마을에 다면체월드가 개장되었습니다. 아이들은 평면들이 모여 만들어낸 다양한 모양의 입체도형들 사이를 뛰어다니며 마냥 신기해하고 즐거워했습니다. 다면체월드를 건설한 면모아회사는 나날이 성장하여 평면나라 최고의 기업이 되었습니다. 그러던 어느 날 평면나라의 남쪽마을에 다돌려회사가 건설

수학톡하자 2-1

한 회전체월드가 생겼습니다. 이곳의 입체도형들은 면들이 평면만 있는 것이 아니라 곡면도 함께 있었습니다. 또한 다면체월드에서는 볼 수 없었던 입체도형의 단면까지 보여주면서 회전체월드의 생성 과정까지 보여주는 테마파크도 조성되어 있었습니다. 사람들은 남쪽마을의 회전체월드로 몰려갔습니다. 그리고 이 두 월드는 평면나라의 자랑거리가 되었습니다.

평면나라 대통령은 면모아회사사장과 다돌려회사사장을 불러 크게 칭찬하며 다음과 같은 제안을 하였습니다.

"당신들은 이 나라의 평면도형을 활용하여 다면체와 회전체라는 새로운 아이디어를 창출했습니다. 어떻습니까? 두 회사가 손을 잡고 대규모 입체월드를 새롭게 건설하는 것이. 그렇게 되면 우리 평면나라는 거대한 규모의 관광수입을 올리게 될 것입니다." ★

회전체를 만들어보자

〈회전체가 만들어지는 원리〉

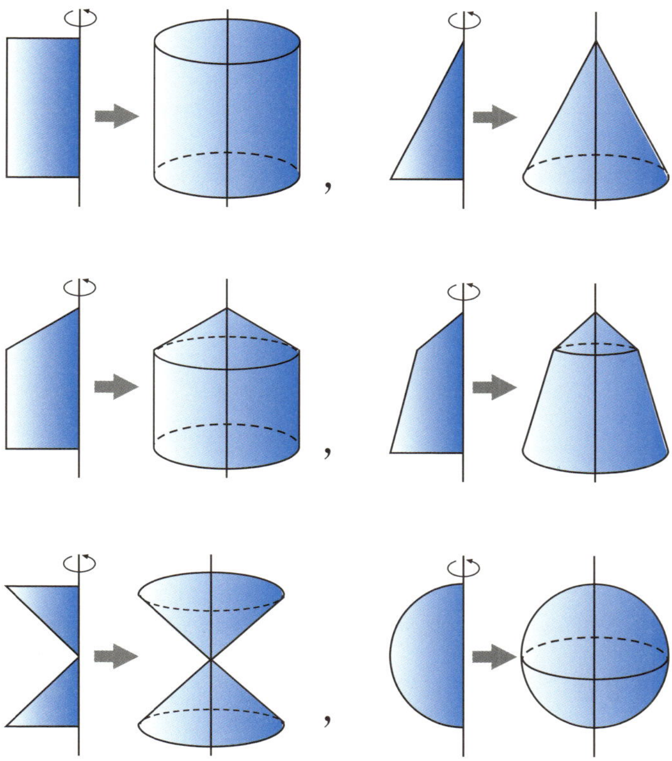

✌ - 2

원기둥의 성질을 알아봅시다

기둥나라의 대재벌인 원기둥씨는 사회사업가로도 유명합니다. 특히 수많은 고아원에 기부를 하는 기부천사이기도 합니다. 원기둥씨가 이렇게 고아들에게 각별한 애정을 갖는 것은 잃어버린 딸 그린이를 찾기 위한 것이기도 합니다. 어느 날 원기둥씨는 신문에 자신의 딸 원그린을 찾는 대대적인 광고를 냈습니다. 대재벌가에서 잃어버린 딸을 찾는다는 것은 사람들의 이목이 집중

되는 엄청난 사건이었습니다. 며칠 후 자신이 원기둥씨의 딸인 것 같다며 찾아온 아가씨가 있었습니다.

"제 이름은 원기린입니다. 너무 어릴 적이라 원그린인 것을 잘못 알고 부른 것 같습니다. 제가 이 집안의 딸이 맞을 것입니다."

하지만 원기둥씨는 단호하게 말합니다.

"원기린씨 미안하지만 당신은 내 딸이 아닙니다."

"네 살 때 잃어버린 딸에 대해 어떻게 그렇게 확신할 수 있죠?"

"내 딸은 나를 꼭 닮았습니다. 위에 있는 면과 아래에 있는 두 개의 밑면이 서로 합동이며 평행이지요. 원기린씨는 비슷하기는 하지만 위에 있는 면이 아래에 있는 면보다 좀 커 보이는 군요. 오른쪽으로 기울어진 게 평행도 아니고 게다가 배도 좀 나온 것 같군요."

아가씨는 더 이상 아무 말도 못하고 얼굴이 빨개진 채로 도망치듯 원기둥씨의 집을 떠났습니다. ★

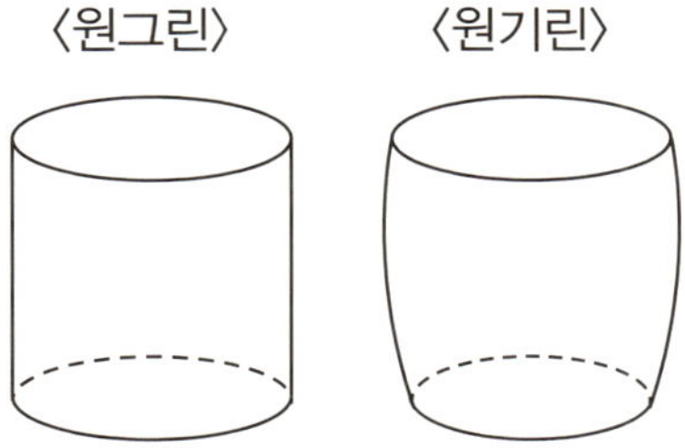

2-3

원기둥의 전개도

직사각이와 원하나 원두리는 원기둥 형제입니다. 이 셋은 언제나 꼭 붙어 다닙니다. 그런데 언제부터인가 직사각이는 이렇게 셋이 꼭 붙어 다니는 것이 답답하기만 했습니다. 그래서 원하나와 원두리에게 퉁명스럽게 대하기 시작했습니다.

마음이 좀 넓은 원두리는 그냥 웃으면서 이해하고 넘어갔지만 원두리와 생김새도 크기도 똑같은 원하나는 원두리와는 달리 상처 받은 마음이 좀처럼 가시지 않았던지 훌쩍 떠나고 말았습니다.

원하나가 떠나자 직사각이는 숨통이 트이는 것 같았습니다. 하지만 그것도 잠시 원하나가 받치고 있던 자리가 자꾸 기우뚱 기울어져 원기둥모양을 이룰 수가 없었습니다.

직사각이는 자신의 잘못을 깨닫고 원하나를 애타게 찾았지만 원두리와 모양도 크기도 같은 원하나를 찾는 것이 쉬운 일이 아니었습니다. 비슷한 원을 찾기는 했지만 어디에 붙어야 하는지 자리를 못 찾고 헤매다가 원기둥을 만들어보지도 못하도 떠나기가 일쑤였습니다.

원기둥을 만들지 못해 낙심하고 있던 때 원하나가 멋쩍게 웃으며 직사각이 위로 스르르 굴러왔습니다.

수학톡하자 2-3

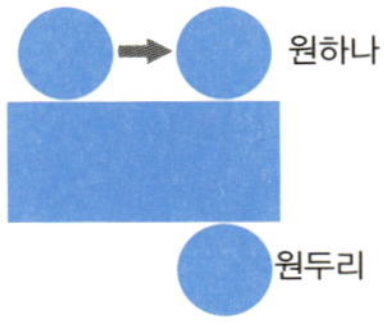

원하나와 원두리는 직사각이의 서로 맞은 편 자기 자리에서 스르르 몸을 굴리며 좋아했습니다. 다시 원기둥을 만들 수 있게 된 직사각이는 원하나와 원두리에게 더없이 좋은 친구가 되었습니다. ★

✌-4

원기둥의 단면

입체도형나라의 공주가 단면나라의 거인에게 잡혀가는 일이 생겼습니다. 입체도형나라의 임금은 요정을 불러 공주를 구할 수 있는 방법이 무엇이냐고 물어보았습니다. 요정은 수수께끼를 푸는 자만이 공주를 구할 수 있다고 했습니다.

수수께끼 : 단 하나의 입체도형으로 직사각형, 원, 타원형, 반원모양의 단면 열쇠를 만들어라.

수학톡하자 2-4

입체도형나라의 대신들은 알쏭달쏭한 수수께끼를 풀지 못해 수군거리기만 했습니다. 그 때 원기둥대신이 자신과 비슷한 원기둥모양의 무와 번쩍번쩍 빛나는 칼을 들고 임금님 앞에 나섰습니다.

"임금님, 저에게 맡겨주십시오. 제가 공주님을 반드시 구해오겠습니다."

단면나라로 가는 길에는 네 개의 문이 있었고 그 열쇠 모양이 수수께끼에서 제시한 바로 그 모양이었던 것이었습니다. 원기둥대신은 무와 칼로 네 개 문의 단면모양 열쇠를 어떻게 만들 수 있었을까요? ★

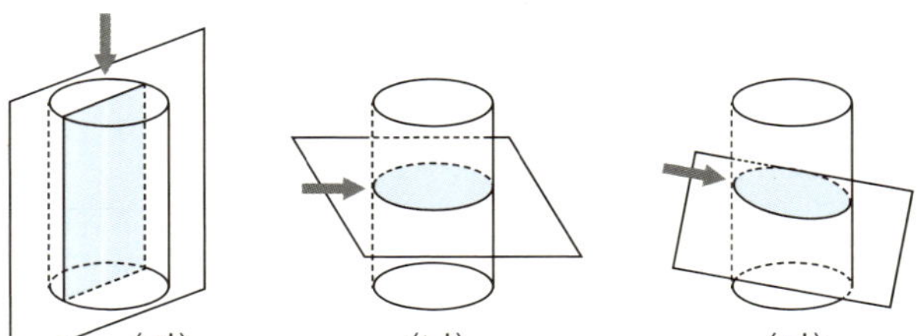

(가) (나) (다)

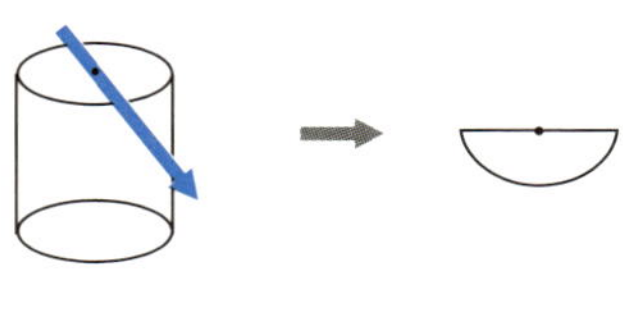

– 5

원기둥의 겉넓이

원기둥나라에 패션바람이 불었습니다. 원기둥들은 저마다 알록달록한 옷을 입고 자신을 돋보이게 하기 위해 애를 썼습니다. 원기둥의 옷을 재단하는 맞드레 감씨는 원기둥나라 최고의 디자이너였습니다. 그가 만든 옷은 어쩜 그렇게 예쁘게 딱 맞는지, 늘씬한 원기둥의 맵시를 누구보다도 잘 살려주었습니다. 다른 디자이너들이 만든 옷은 너무 커서 옷 속에 빠져있는 것처럼 보이거나 혹은 너무 작아 원기둥의 몸조차 제대로 감쌀 수가 없어 맞드레 감씨에게 옷을 맞추고자 하는 이는 몇 달을 기다려야만 할 정도였습니다.

부와 영예를 얻은 맞드레 감씨는 자신의 재단기술을 많은 이에게 알려주고자 디자이너 양성학교를 세웠습니다. 그리고 그가 가진 남다른 재단 기술을 아낌없이 베풀어 모두가 그를 존경하게 되었습니다. 더불어 맞드레 감씨의 원기둥패션 재단 기술은 널리널리 퍼져 누구나 몸에 꼭 맞는 예쁜 옷을 입을 수 있게 되었습니다.

〈원기둥 패션의 재단 기술〉
원기둥을 펼쳐 원기둥의 전개도를 만든 후 치수를 잴 것!

원기둥의 겉넓이는 원기둥을 펼쳐 원기둥의 전개도를 만든 후 2개의 원의 넓이와 1개의 직사각형의 넓이를 구해서 합하는 과정을 거치면 됩니다.

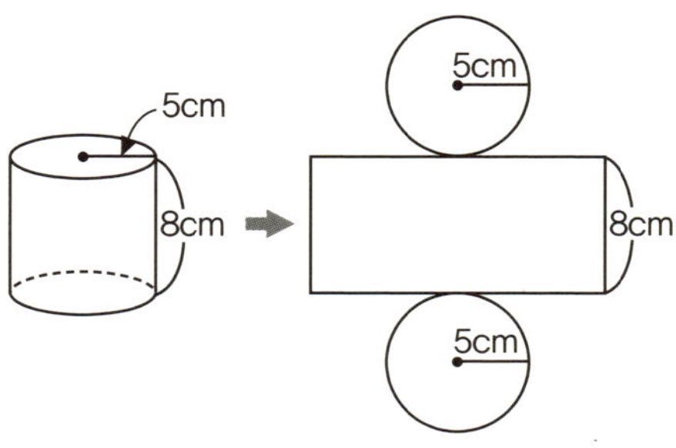

원기둥의 겉넓이

원기둥의 겉넓이 = (밑넓이×2) + (옆넓이)
= (5×5×3.14×2) + (10×3.14×8)
= 157 + 251.2
= 408.2 (㎠)

그러나 이러한 과정은 계산이 복잡해서 학생들에게 원기둥의 겉넓이를 구하라고 하면 손사래를 치며 싫어합니다. 그렇다면 좀 더 쉽고 정확하게 원기둥의 겉넓이를 구할 수 있는 방법은 없을까요?

자, 그럼 이제부터 원기둥의 겉넓이를 쉽고 빠르게 구할 수 있는 방법을 소개하도록 하겠습니다.

먼저, 원의 넓이를 구하는 방법을 생각해 봅시다.

그리스의 수학자 아르키메데스는 다음의 그림과 같이 원을 직사각형으로 바꾸어서 원의 넓이를 구했습니다.

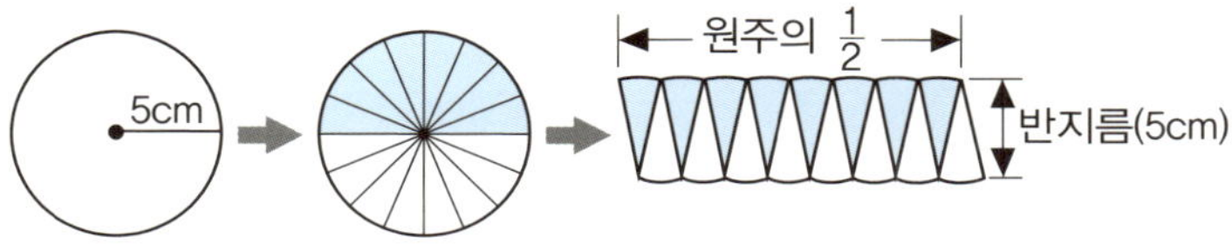

수학톡하자 2-5

이제, 원의 넓이를 구하는 과정을 공부했으니, 이를 이용하여 원기둥의 겉넓이를 구하는 방법을 알아봅시다.

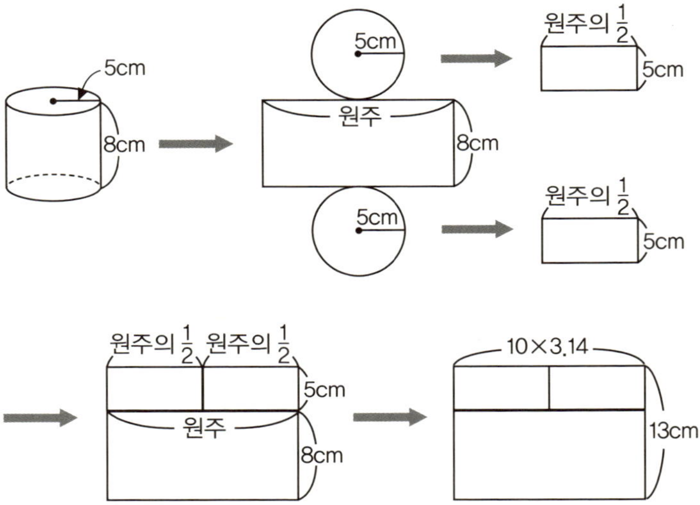

따라서 원기둥의 겉넓이 $=$ (높이 $+$ 반지름) $\times$ (원주)

$= (8+5) \times (10 \times 3.14)$

$= 13 \times 10 \times 3.14$

$= 408.2$ (㎠)

그럼, 위와같은 방법으로 몇 개의 원기둥의 겉넓이를 구해 봅시다. ★

원기둥의 겉넓이

①

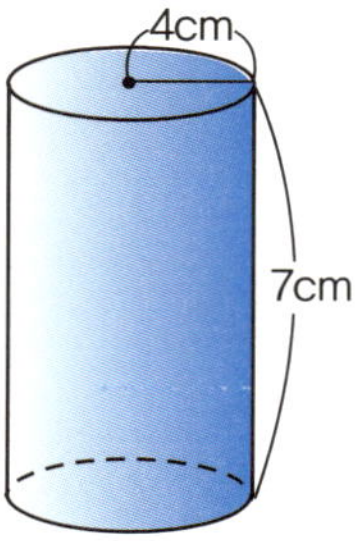

(높이+반지름)×(원주)

=(7+4)×(8×3.14)

=11×8×3.14

=276.32 (㎠)

②

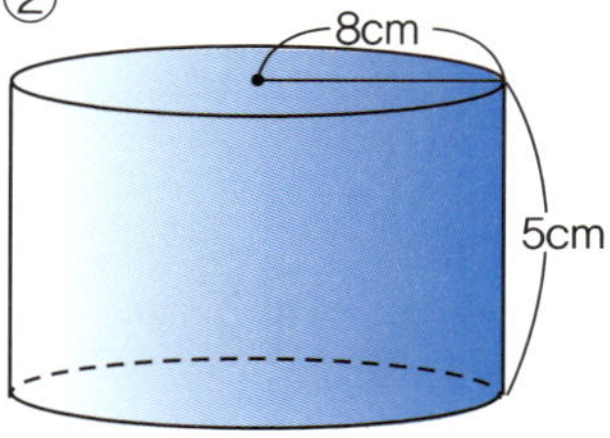

(높이+반지름)×(원주)

=(5+8)×(16×3.14)

=13×16×3.14

=653.12 (㎠)

③

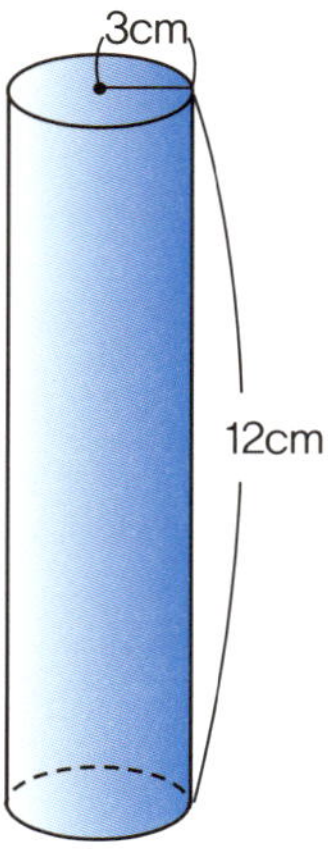

(높이+반지름)×(원주)

=(12+3)×(6×3.14)

=15×6×3.14

=282.6 (㎠)

✌ - 6

원기둥의 부피를 알아봅시다

우리 주변을 둘러보면 두루마리 화장지, 스프레이, 통조림 등 원기둥 모양의 물건을 자주 볼수 있습니다. 그렇다면 다음의 그림과 같은 두루마리 화장지의 부피는 어떻게 구할 수 있을까요?

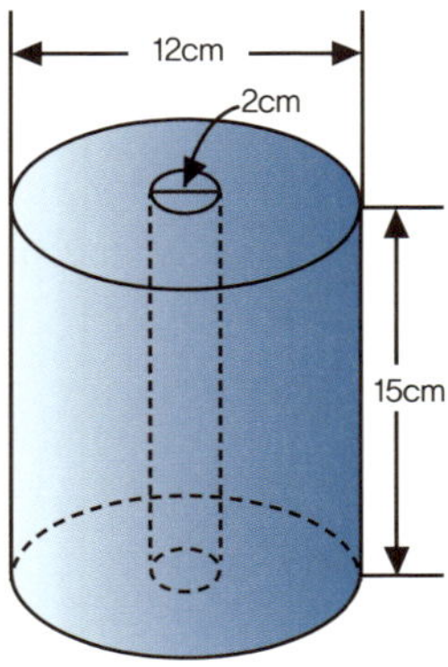

원기둥의 부피는 밑면의 넓이가

높이만큼 쌓인 것이라고 할 수 있기 때문에 '(원기둥의 부피)=(밑넓이)×(높이)'로 구할 수 있습니다. 그런데 밑넓이는 '(반지름)×(반지름)×3.14'이기 때문에 다음과 같이 바꿀 수 있습니다

(원기둥의 부피)=(반지름)×(반지름)×3.14×(높이)

위의 두루마리 화장지의 지름이 12㎝이므로 반지름은 6㎝가 됩니다. 그리고 높이가 15㎝이므로 원기둥의 부피는 다음과 같이 구합니다.

(원기둥의 부피)=(밑넓이)×(높이)
=6×6×3.14×15
=1695.6(㎤)

물론 이 부피는 두루마리 화장지의 가운데 구멍은 뚫리지 않았다고 생각하고 구한 값입니다. 하지만 두루마리 화장지는 가운데 작은 원기둥 모양의 구멍이 뚫려 있습니다. 따라서 두루마리 화장지의 실제 부피는 위에서 구한 큰 원기둥 부피에서 가운데 구멍에 해당하는 작은 원기둥의 부피를 구해서 빼 주면 됩니다. 다시 말하면 (큰 원기둥의 부피)-(작은 원기둥의 부피)가 됩니다. ★

수학톡하자 2-6

(작은 원기둥의 부피) = (밑넓이) × (높이)
= 1 × 1 × 3.14 × 15
= 47.1(㎤)

(큰 원기둥의 부피) − (작은 원기둥의 부피)
= 1695.6 − 47.1
= 1648.5(㎤)

홍쌤의 수학톡하자 - 각뿔과 원뿔

홍쌤의 수학톡하자

각뿔의 성질

각뿔마을의 도형들은 모두가 뾰족뾰족 비슷한 모양을 하고 있습니다. 하지만 자세히 보면 밑면의 모양도 다르고 옆면의 개수도 달랐습니다. 하지만 모두가 각뿔로 불릴 뿐 개개의 이름을 갖지 못해 여간 불편한 게 아니었습니다. 그래서 각뿔들은 마을의 지혜로운 원로를 찾아가 이름을 지어달라고 부탁했습니다. 한참을 생각에 잠겼던 원로는 각뿔들을 하나하나 세심하게 살펴본

후 천천히 입을 열었습니다.

"자네들의 부탁을 받고 내 유심히 살펴보니 모두가 같은 뿔이라고 생각했는데, 밑면의 변의 개수에 따라 옆면의 개수, 모서리의 개수, 게다가 꼭짓점의 개수까지 결정되는군. 따라서 밑면의 모양이 각뿔 모양에 있어 아주 중요한 역할을 한다는 것을 새삼 알게 되었네. 그러니, 자네는 밑면의 모양이 사각형이니까 사각뿔, 자네는 밑면의 모양이 오각형이니까 오각뿔, 이렇게 밑면의 모양에 따라 이름을 붙여보면 어떻겠나?"

"그것 참 좋은 생각이십니다. 역시 어르신의 지혜는 그 누구도 따라올 수가 없습니다."

그 지혜로운 원로는 각뿔에서뿐만이 아니라 다면체 중에서 면의 수가 가장 적으면서 모든 다면체의 기본인 삼각뿔이었습니다. ★

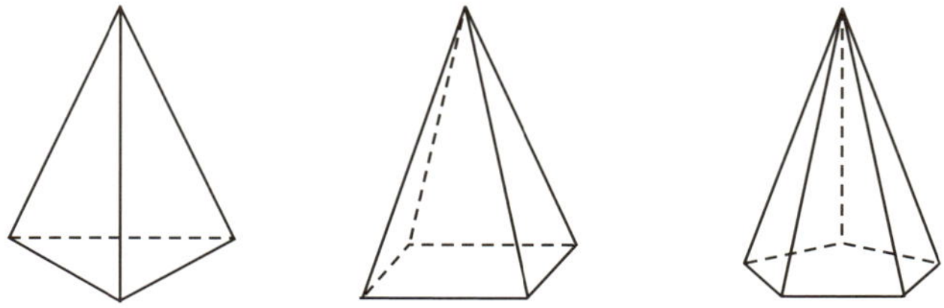

〈삼각뿔〉 〈사각뿔〉 〈오각뿔〉

- 2

각뿔의 전개도를 알아봅시다

그림과 같은 삼각뿔을 모서리를 따라 잘라서 펼치면 다음과 같은 가장 기본이 되는 전개도가 나타납니다.

이것을 삼각뿔 전개도의 표준형이라고 합니다.

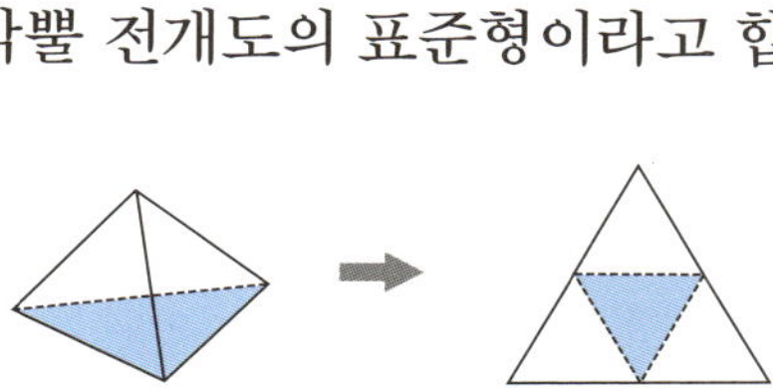

그런데 이웃하는 변은 서로 달라붙기 때문에 회전이 가능하다는 것을 정육면체의 전개도에서 보았습니다. 따라서 이웃하는 변을 옆의 변으로 달라붙게 회전을 시키면 다음과 같은 전개도도 가능합니다.

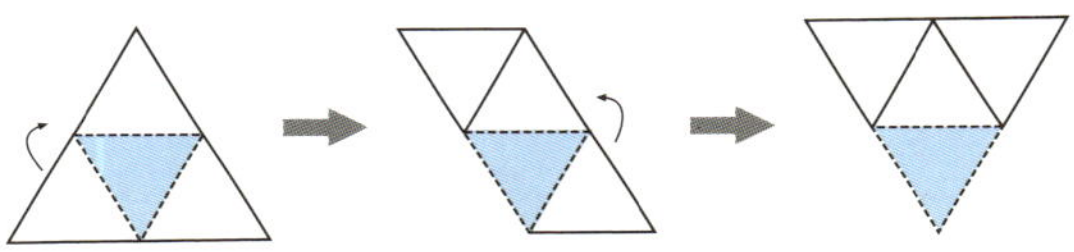

아래 그림과 같은 사각뿔도 모서리를 따라 잘라서 펼치면, 다음과 같은 가장 표준이 되는 전개도가 나타납니다. 사각뿔의 전개도에서도 이웃하는 두 변은 서로 달라붙는 성질을 이용하면 여러 가지의 전개도가 가능해집니다.

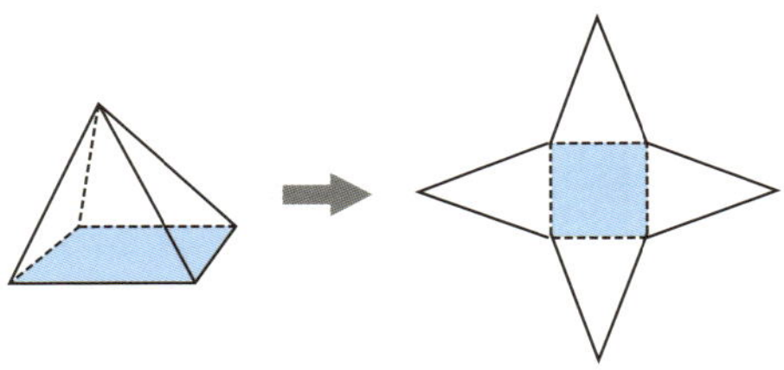

사각뿔의 전개도는 모두 8개가 있는데, 위의 표준형은 제외한 7개의 전개도 모양은 다음과 같습니다. ★

각뿔의 전개도를 알아봅시다

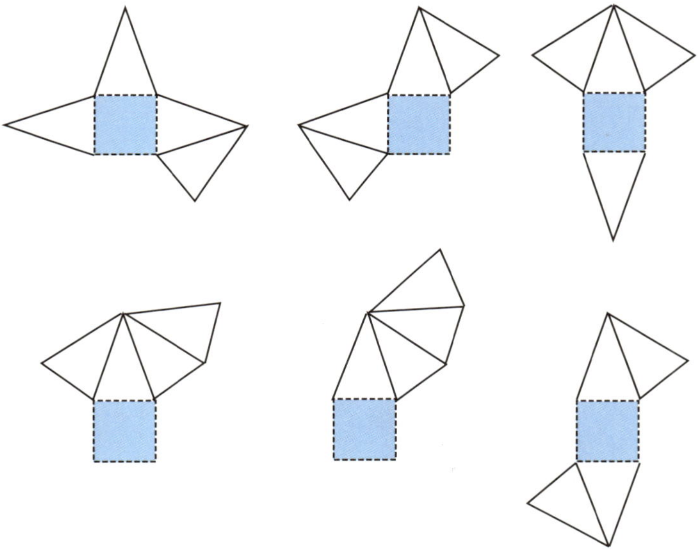

-3

각뿔의 단면을 알아봅시다

정사각뿔을 아래의 그림처럼 꼭지점 근처에서 밑변과 수평으로 잘라봅시다. 그리고 다시 밑면 쪽으로 내려가면서 계속 잘라봅시다.

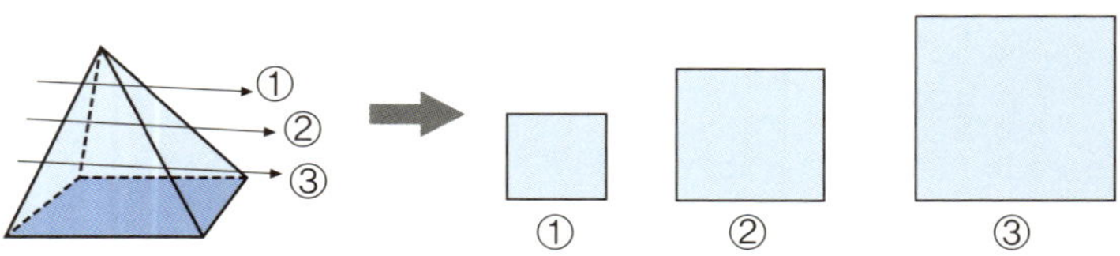

각뿔의 단면을 알아봅시다

정사각뿔을 평면에 수평인 평면으로 자르면 단면은 모두 정사각형이 됩니다. 다만 그 잘라진 위치에 따라 정사각형의 크기가 달라지는 것입니다. 따라서 정오각뿔은 위와 같은 방법으로 자르면 크고 작은 정오각형이 나타나며, 정육각뿔은 크고 작은 정육각형이 나타납니다. 그리고 정사각뿔을 밑면에 수직인 방향으로 자르면 이등변 삼각형이 나타납니다. ★

2-4

원뿔의 성질 (새알 이야기)

"우리 주변에서 볼 수 있는 원뿔 모양인 것은 무엇이 있을까요?"

"아이스크림콘이요."

"고깔모자요."

선생님의 질문에 아이들은 아이스크림과 고깔을 떠올립니다.

"새알이요."

"새알?"

원뿔의 성질(새알 이야기)

알찬이의 한 마디에 아이들은 둥글둥글한 새알이 무슨 원뿔 모양이냐고 저마다 한마디씩 합니다. 선생님은 빙그레 웃음을 보이시며 다음과 같이 설명해 주셨습니다.

새알은 한쪽이 다른 한 쪽보다 더 길쭉하고 뾰족하게 생겼습니다. 만약 알이 네모졌거나 세모지면 어미가 알을 품기 너무 불편하고 힘들 것입니다. 또 모서리끼리 부딪쳐 깨질 위험도 높아집니다. 그럼 알이 원기둥 모양이거나 사방이 모두 둥글게 생겼다면 어떨까요? 어미가 실수라도 하면 계속 굴러가다 밑으로 쉽게 굴러 떨어질 것입니다. 새알이 원뿔 모양으로 생긴 것은 특별한 뜻이 있다고 합니다. 원뿔은 특성상 뾰족한 끝점, 즉 원뿔의 꼭짓점 주위를 원을 그리며 돕니다. 새알을 굴려보면 꼭짓점을 중심으로 둥글게 돌 뿐 둥지 아래로 쉽게 굴러 떨어지지 않습니다. 그리고 이런 모양은 알과 알사이의 공간, 즉 빈틈을 적게 해서 어미가 알을 품을 때 열 손실이 줄어드는 효과도 있다고 합니다. 새알이 원뿔 모양인 이유는 이처럼 실용적인 측면과 안전대책을 고려한 끝에 만들어진 자연의 신비한 법칙 중의 하나인 것입니다. ★

2-5 원뿔의 전개도를 알아봅시다

직사각형 모양이 종이를 둥글게 말면 어떤 모양이 될까요?

다음의 그림처럼 원기둥이 만들어집니다.

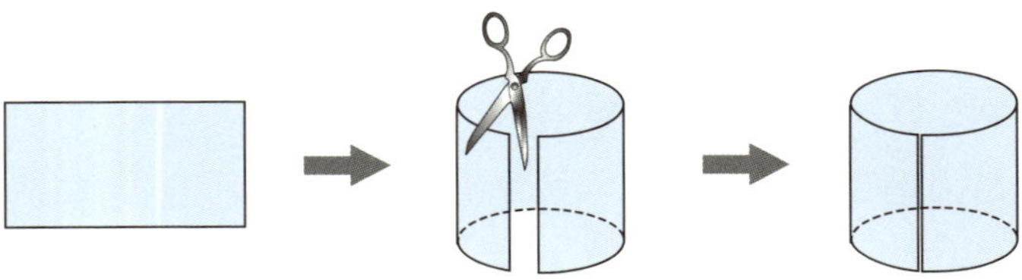

원뿔의 전개도를 알아봅시다

이번에는 다음과 같은 모양으로 말아보면 어떤 모양이 될까요? 다음의 그림처럼 고깔모자 같은 원뿔이 만들어집니다.

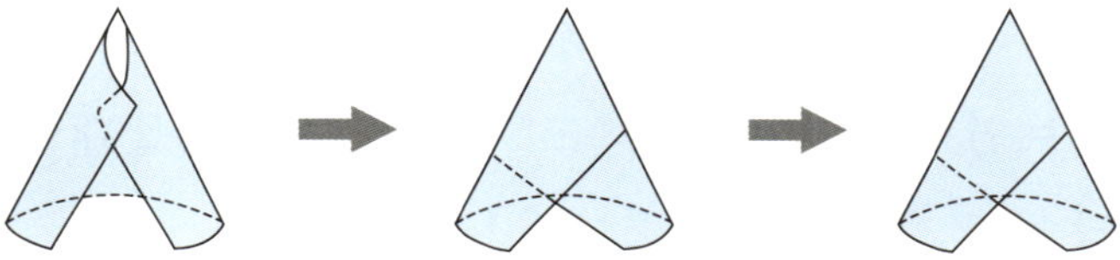

이와 같이 만들어진 원뿔을 다시 펼쳐보면 삼각형 모양이 아닌 부채꼴 모양이 나타나는 것을 알 수 있습니다. 부채꼴에 밑면인 원을 그려 넣으면 그림과 같은 원뿔의 전개도를 그릴 수 있습니다

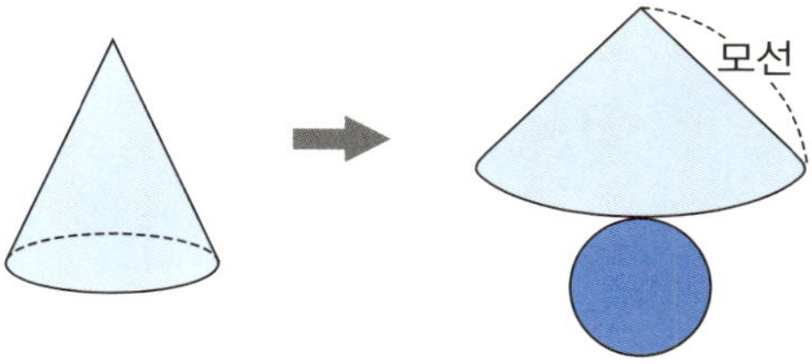

부채꼴의 호의 길이와 밑면의 원둘레의 길이는 같습니다. 그렇다면 원뿔의 윗부분을 잘라낸 원뿔대의 전개도는 어떤 모습일까요?

수학톡하자 3-5

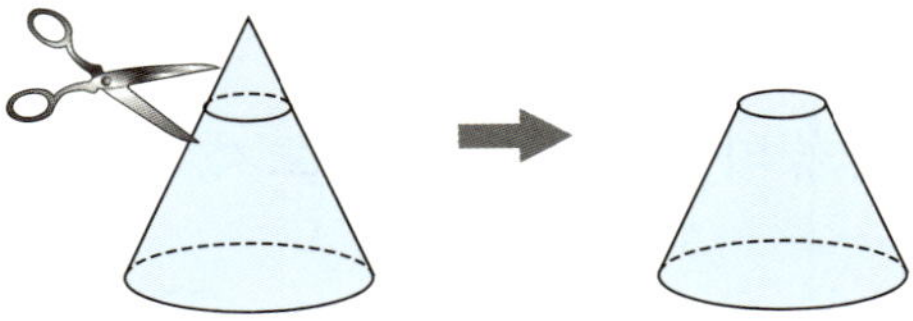

먼저 원뿔의 잘라낸 윗부분과 아랫부분을 분리해서 살펴보면 윗부분은 원뿔이고 아랫부분은 원뿔대이므로 이것을 전개도에서 살펴보면 다음과 같은 그림이 될 것입니다.

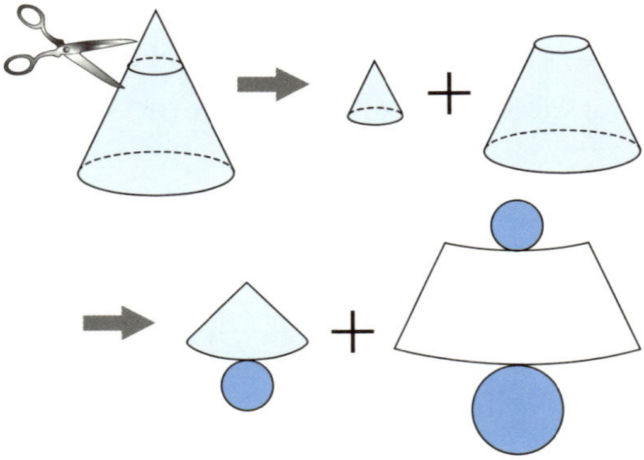

따라서 원뿔대의 전개도는 옆과 같은 모습이 되어서는 안 될 것입니다. ★

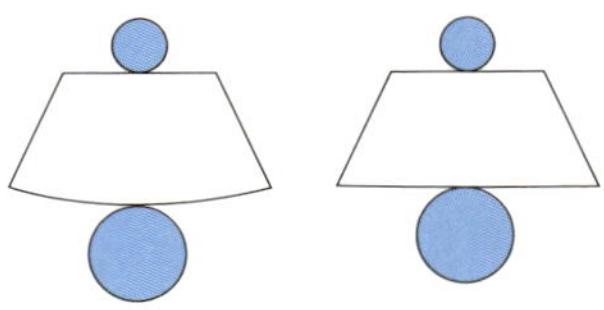

3-6 원뿔의 단면을 알아봅시다

직각삼각형을 1회전시켜 만든 원뿔을 잘라서 만들어지는 단면을 살펴봅시다. 먼저 원뿔을 그림처럼 꼭지점 근처에서 밑면과 수평으로 잘라봅시다. 다시 밑면으로 내려가면서 계속 잘라봅시다.

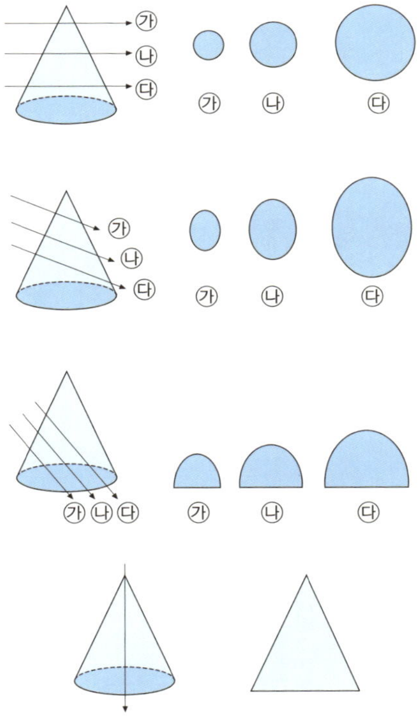

원뿔도 회전체이므로 회전축에 수직인 평면으로 자르면 잘려진 단면은 모두 원이 됩니다. 다만 잘라진 위치에 따라 원의 크기가 달라집니다.

이번에는 원뿔을 밑면과 수평이 아닌 비스듬히 계속

수학톡하자 3-6

잘라봅시다.

이처럼 원뿔을 비스듬히 자르면 원이 아닌 타원이 나타나는데, 이때에도 위치에 따라 타원의 크기가 달라집니다.

이번에는 원뿔을 그림과 같이 계속 잘라봅시다. 이러한 경우에는 잘려진 밑면은 직선으로 나타나고 원의 중심으로 갈수록 직선의 길이도 길어지며, 외각선은 포물선인 모양으로 나타납니다. ★

홍쌤의 수학톡하자 - 구

홍쌤의 수학톡하자

- 1

회전체를 알아봅시다

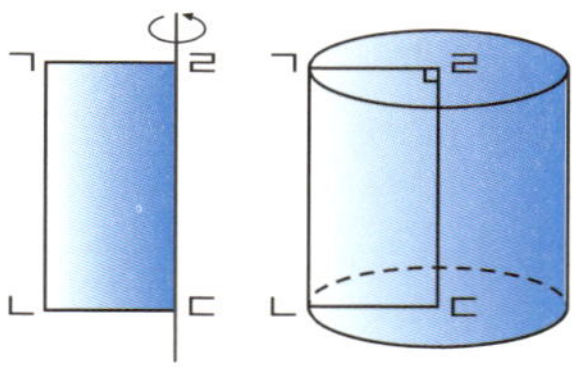

직사각형 ㄱㄴㄷㄹ의 변 ㄷㄹ을 축으로 1회전하면 직원기둥이 됩니다. 이때, 직선 ㄷㄹ을 회전축 또는 축이라고 하고 회전하는 변 ㄱㄴ을 모선이라고 합니다. 그리고 모선이 회전하여 이루는 곡면을 옆면 또는 옆면이라고 합니다.

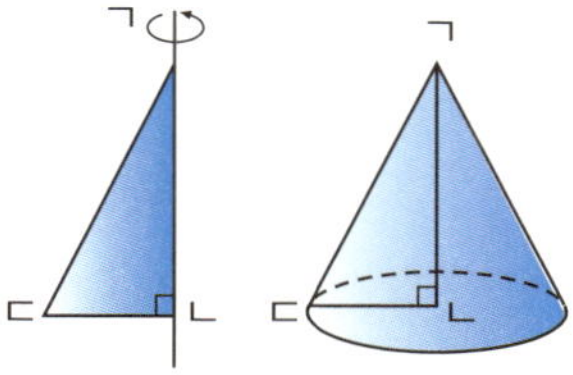

직각삼각형 ㄱㄴㄷ을 직각을 낀 한 변 ㄱㄴ을 축으로 회전하여 생긴 입체가 원뿔입니다.

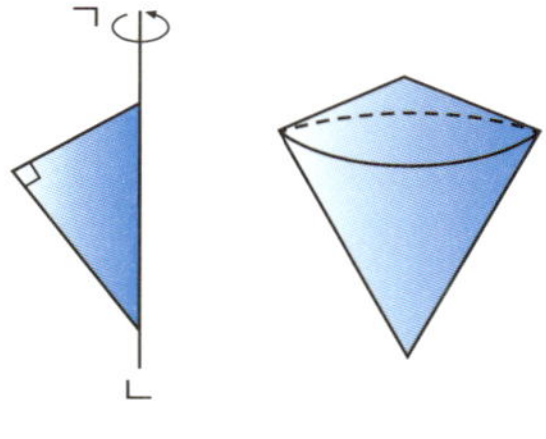

이때, 직각삼각형 ㄱㄴㄷ의 빗변 ㄱㄷ이 모선, 이 모선이 움직인 자취가 옆면(측면), 점 ㄱ이 원뿔의 꼭지점, 변 ㄴㄷ의 회전으로 생긴 원이

밑면입니다.

또, 직각삼각형의 빗변을 회전축으로 이 직각삼각형을 회전시켰을 때 생긴 입체는 밑면의 넓이가 같은 두 원뿔의 밑면을 서로 붙여 놓은 것 같은 모양의 입체가 됩니다. ★

- 2

구에는 회전축이 몇 개가 있을까요?

입체도형 중에서 구(공)는 모든 부분이 둥글기 때문에 구르는 데는 단연 으뜸입니다. 구 모양을 하고 있는 물건은 우리 주변에 매우 많이 있습니다. 야구공, 축구공, 볼링공과 같은 모양을 공 모양이라고 하며, 움직임이 필요한 장난감이나 운동기구에 공 모양을 한 것이 많이 있습니다. 구는 원과 마찬가지로 모양이 하나이므로 종류도 한 가지밖에 없으며 모든 크기의 구는 모두

닮음이 됩니다. 자연에서도 구는 무수히 많이 발견할 수 있습니다.

우리가 사는 지구도 구이고, 태양과 달도 공 모양이며, 그밖에 우주에 있는 무수히 많은 별들도 사실은 공 모양을 하고 있는 것입니다.

옛날부터 구는 특별한 종교적 의미를 지니고 있었습니다. 즉, 옛날 사람들은 구를 신이 베푼 가장 완전한 도형이라고 생각했습니다. 여러분은 텔레비전 만화에서 마녀가 수정으로 된 마법의 구슬 앞에서 주문을 외고 있는 장면을 본 적이 있을 것입니다. 이미 먼 옛날에 이집트에서는 구의 성질을 상당히 깊이 연구되었는데, 이것도 알고 보면 구가 지닌 신비성에 깊은 관심을 쏟은 결과였습니다. 그런데 구에는 몇 개의 회전축이 존재할까요? 다른 모든 회전체는 1개의 회전축을 갖습니다.

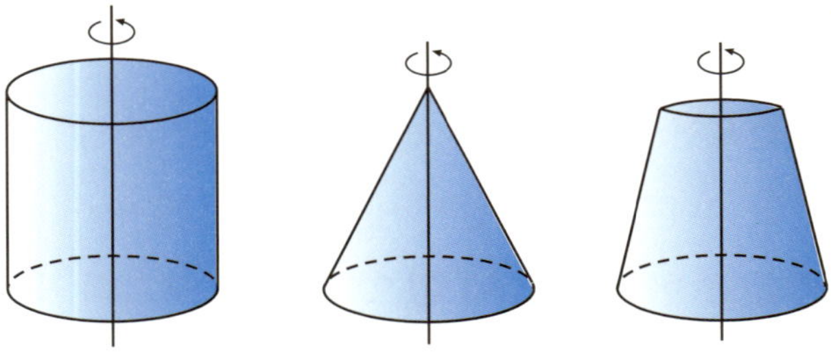

그러나 구는 아래의 그림처럼 무수히 많은 회전축이 숨어 있습니다. 이러한 이유때문에 구를 잘랐을 때 나타나는 단면은 언제나 원이 되는 것입니다. ★

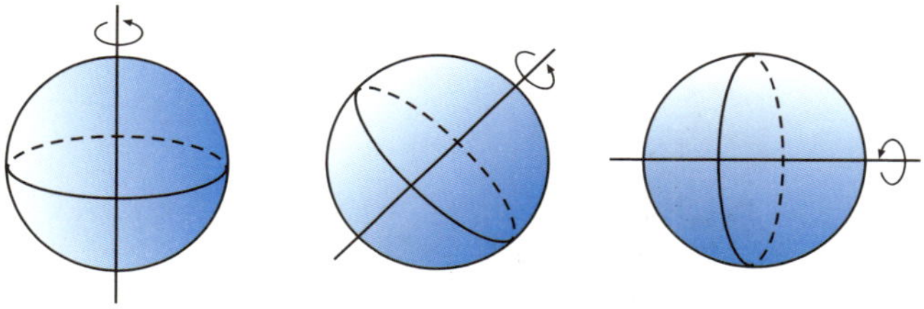

-3

구의 전개도를 알아봅시다

앞에서 공부했듯이 각기둥, 원기둥, 각뿔, 원뿔 등은 여러 가지 모양으로 나타낼 수 있습니다.

이런 입체도형을 전개도로 그렸을 때 나타나는 모든 면들의 넓이의 합을 '겉넓이'라고 합니다. 따라서 입체도형의 겉넓이는 전개도를 이용하면 쉽게 구할 수 있습니다.

그러나 입체도형 중에서 구는 모든 부분이 둥글기 때

문에 전개도를 정확하게 그릴 수는 없습니다. 따라서 구의 겉넓이를 직접 구하기는 무척 어렵습니다. 그러므로 구의 겉넓이는 간접적인 방법을 사용하여 구해야 합니다.

우선 고무공의 겉넓이를 구하는 방법을 생각해 봅시다. 먼저 고무공에 칼집을 내어 가위를 집어넣은 다음, 공모양을 따라 일정한 간격으로 자르면 얇은 끈처럼 길게 늘어지게 됩니다.

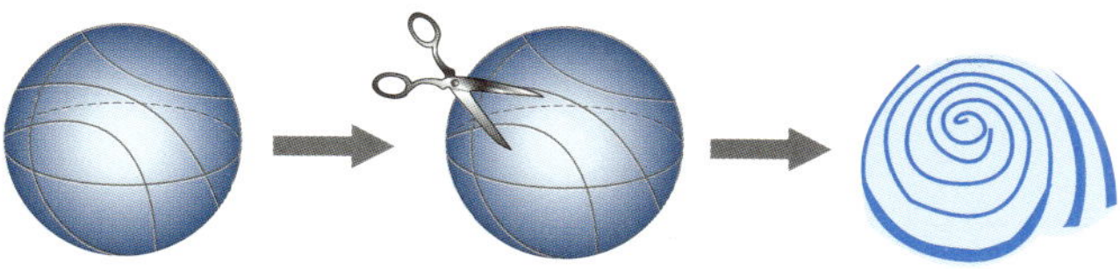

이 끈 모양의 고무를 바닥에 원 모양으로 둥글게 말아 봅시다. 그렇게 되면 구 모양인 고무공이 바닥에 큰 원 모양으로 깔리게 됩니다. 결국 이 원의 넓이는 고무공의 겉넓이와 같습니다. 그런데 바닥에 놓인 원의 반지름을 재어보면 원래의 고무공의 반지름의 2배가 된다는 사실을 알 수 있습니다. 자세히 설명해 보면 원래의 고무공과 같은 다른 고무공을 반으로 자릅니다. 그리고 둥글게

수학톡하자 4-3

말아서 깔아 놓은 원 위의 반으로 잘라진 고무공 2개를 나란히 올려놓습니다. 그러면 바닥에 깔린 원의 지름의 길이와 나란히 놓은 2개의 반구의 고무공의 지름의 길이의 합이 같다는 것을 확인할 수 있습니다. 따라서 바닥에 깔린 공의 지름은 처음 고무공의 지름의 2배가 된다는 사실을 알 수 있습니다. 그리고 지름이 2배이므로 반지름도 2배임을 알 수 있습니다.

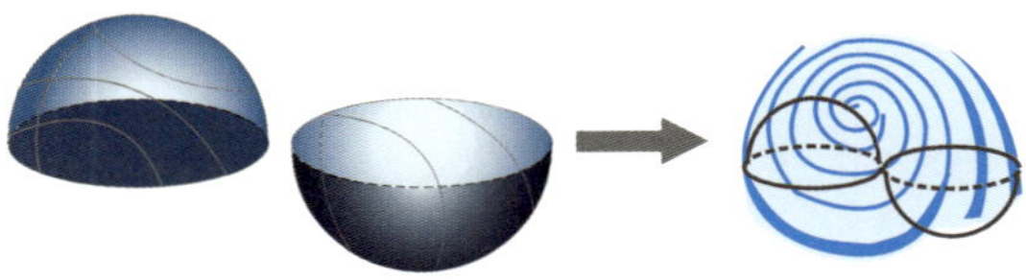

따라서 구의 겉넓이는 (구의 지름)×(구의 지름)×3.14로 구할 수 있습니다. ★

-4

구의 단면을 알아봅시다

이번에는 수박과 같은 구 모양의 입체도형을 다음과 같이 잘라봅시다.

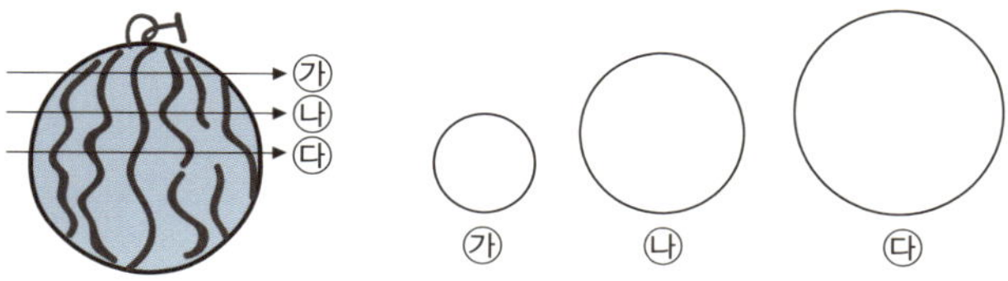

위의 그림에서 구를 자르는 위치에 따라 원의 크기는 달라도 모두 원이 된다는 것을 알 수 있습니다. 아래와

같이 구를 불규칙하게 잘라봅시다.

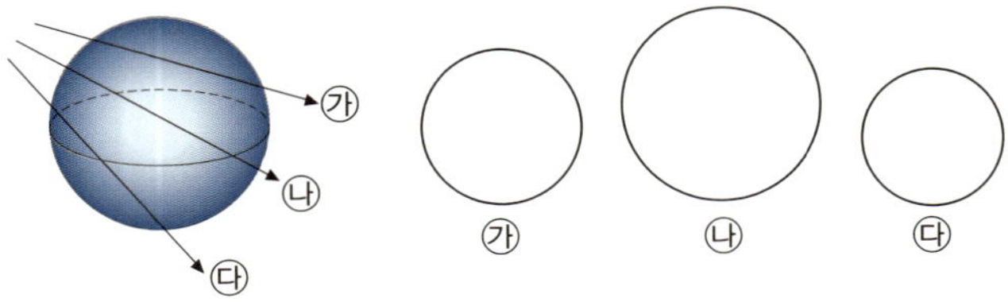

이 경우도 ㉮, ㉯, ㉰ 모두 원의 크기는 달라도 모두 원이 된다는 사실을 발견할 수 있습니다. 그렇다면 구는 왜 어디에 잘라도 잘려진 단면이 원으로 나타날까요? 그 이유는 구는 어디를 잘라도 그 자른 방향은 회전축에 수직인 방향으로 잘리는 것과 같기 때문입니다.

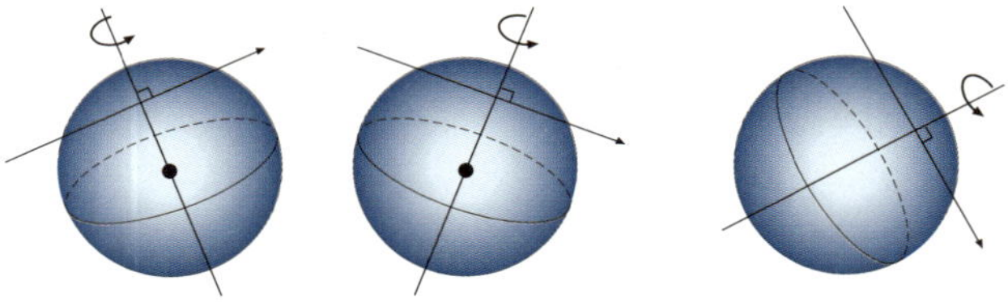

모든 회전체는 회전축에 수직인 방향으로 잘랐을 때 나타나는 단면은 모두 원이기 때문에 구는 무수히 많은 회전축을 가지고 있고 따라서 어디를 잘라도 그 부분이 회전축에 수직인 부분이 될 수 있기 때문입니다. ★

-5 비유클리트 기하학을 알아봅시다

평면상에서는 두 점 사이의 최단거리는 직선입니다.

그러나 지구상에서 두 점 사이의 최단거리는 곡선입니다.

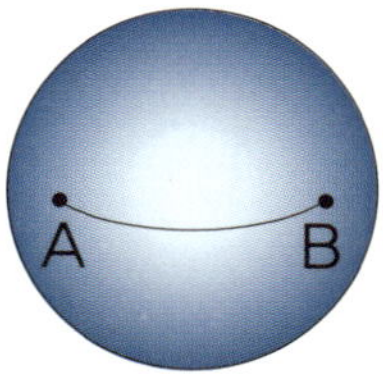

수학톡하자 4-5

지구 표면이 곡면이라는 것은 다음과 같은 그림을 그려 보면 알 수 있습니다. 우리가 보통 한 변의 길이가 10m, 100m 되는 삼각형을 운동장에 그려 보아도 공책에 그린 작은 삼각형과 다른 점을 발견할 수가 없습니다. 그러나 아래의 그림처럼 세 도시를 잇는 커다란 삼각형을 그리면 내각의 합이 180° 보다 큰 삼각형이 만들어 집니다.

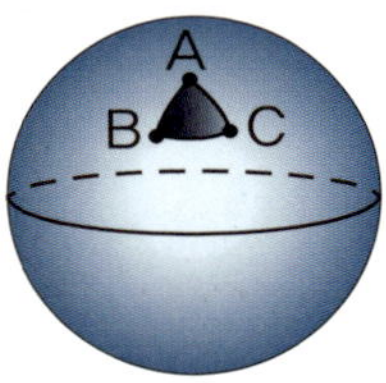

이러한 삼각형 ABC를 유사삼각형이라고 합니다.

그리고 평면 위에서 평행선은 서로 만나지 않는 두 직선을 말하지만, 곡면 위에서는 아래의 그림처럼 어느 한 점에서 만나는 결과가 나타나기도 합니다. ★

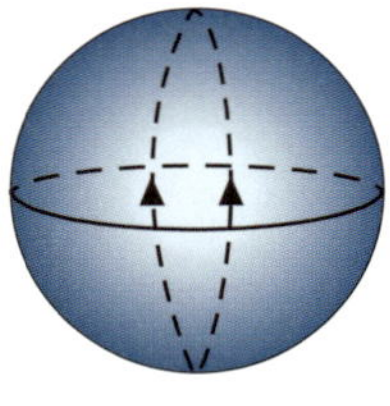

-6

구의 부피를 알아봅시다

원뿔의 부피는 원기둥 부피의 $\frac{1}{3}$ 입니다. 그 사실을 눈으로 확인하는 방법은 다음과 같습니다.

먼저 원기둥 모양의 그릇에 밑면이 같은 원뿔을 넣고 물을 가득 채웁니다. 그리고 원기둥에 담긴 원뿔만 빼내면 남아 있는 물의 깊이는 원기둥 높이의 약 $\frac{1}{3}$가 됩니다. 따라서 원뿔의 부피는 원기둥 부피의 $\frac{1}{3}$이 된다는 것을 알 수 있습니다. 또한 원기둥에 같은 크기의 반지름을 가진 구를 넣고 물을 가득 채운 후에 구를 꺼내면 남아 있는 물의 깊이가 원기둥 높이의 약 $\frac{1}{3}$이므로 구의 부피가 $\frac{2}{3}$임을 알 수 있습니다.

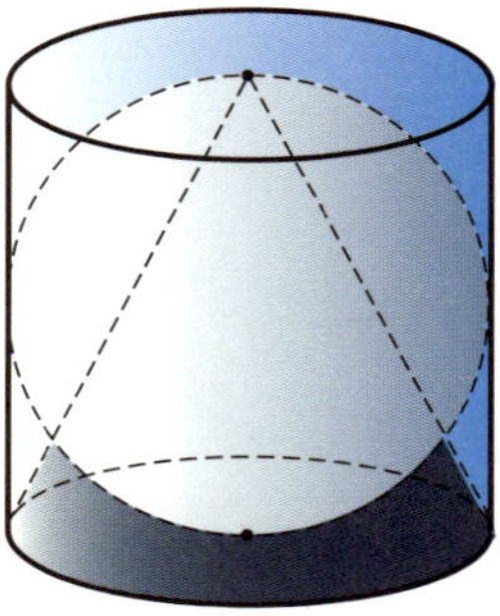

아르키메데스는 반지름이 길이가 같은 원뿔과 구와 원기둥의 부피 사이에는 다음과 같은 연비가 존재한다는 사실을 발견하고는 자신이 죽으면 자신의 무덤 앞에 이 연비를 적은 비석을 세워달라고 유언을 했다고 합니다. ★

홍쌤의 수학톡하자 - 경우의 수

5-1 경우의 수

5-2 순서쌍으로 구하는 경우의 수

5-3 순서가 있는 경우의 수

5-4 여러 가지 경우의 수

5-5 수형도를 알아봅시다

홍쌤의 수학톡하자

- 1

경우의 수

모든 경우의 수를 따져본 16강 진출 가능성

지난 2010 남아공 월드컵 때 대한민국은 그리스, 아르헨티나, 나이지리아와 16강을 다투었습니다.

그리스가 나이지리아를 2:1로 이기면서 대한민국이 아르헨티나에게 1:4로 대패하고도 16강 진출 가능성을 점칠 수 있게 되었었습니다. 일단, 아르헨티나는 조 1위로 16강에 나갈 가능성이 99.999999%. 결국 나머지 2위 자리를 놓고 그리스와 대한민국이 다투게 된 시점에서 사람들은 경우의 수를 따져가며 이렇게 저렇게 말이 많았습니다.

1) 우리가 나이지리아를 이길 경우
2) 우리가 나이지리아와 비길 경우
3) 우리가 나이지리아에 질 경우

각각의 경우를 따져보았을 때 우리가 나이지리아에게 지지만 않는다면 16강 진출가능성은 90% 이상이라고 하였습니다. 결국 대한민국은 나이지리아와 2:2로 비겼고 16강에 진출하게 되었습니다.

이처럼 1회의 시행으로 일어날 수 있는 사건의 가짓수를 경우의 수라고 합니다. 그리고 경우의 수로 인정받기 위해서는 어떤 사건이 일어날 가능성이 같아야만 합니다. 예를 들어 동전 한 개를 던질 때의 경우의 가짓수는 2가지입니다. 동전을 한 개 던졌을 때 나올 수 있는 사건은 그림면이 나오는 경우, 숫자면이 나오는 경우, 동전이 똑바로 서는 경우, 이렇게 세 가지라고 말할 수도 있습니다. 그렇지만 동전이 똑바로 설 가능성은 그림면이 나오거나 숫자면이 나올 가능성보다는 적기 때문에 경우의 수로 인정받지 못하는 것입니다.

따라서 어떤 사건의 경우의 수로 인정받을 수 있는 것은 가능성이 똑같은 것들 뿐입니다. ★

-2

순서쌍으로 구하는 경우의 수

경우의 수를 구하기 위해서 순서쌍을 이용하는 방법을 알아봅시다.

색깔이 서로 다른 윗옷 3가지와 바지 2가지를 짝지어 입는 방법을 순서쌍(윗옷 색깔·바지 색깔)으로 나타내어 경우의 수를 구해 봅시다.

생각나는 순서대로 쓰는 것이 아니라 윗옷의 색을 고정시키고 난 다음 바지의 색깔을 바꾸면서 순서쌍으로 나타내면, (노랑·파랑), (노랑·검정), (분홍·파랑), (분홍·검정), (보라·파랑), (보라·검정)이 되므로, 이때의 경우의 수는 6가지입니다.

순서쌍을 이용해서 두 가지 사건이 동시에 일어나는 경우의 수를 구할 때에는 둘 중에서 한 사건을 기준으로 하여 나머지 다른 사건을 바꾸어 가면서 적으면 중복되거나 빠짐없이 나타낼 수 있습니다. 이번에는 2개의 주사위를 던졌을 때 나타날 수 있는 경우의 수를 순서쌍으로 나타내면 다음과 같이 36가지가 됩니다. ★

A \ B	1	2	3	4	5	6
1	(1, 1)	(1, 2)	(1, 3)	(1, 4)	(1, 5)	(1, 6)
2	(2, 1)	(2, 2)	(2, 3)	(2, 4)	(2, 5)	(2, 6)
3	(3, 1)	(3, 2)	(3, 3)	(3, 4)	(3, 5)	(3, 6)
4	(4, 1)	(4, 2)	(4, 3)	(4, 4)	(4, 5)	(4, 6)
5	(5, 1)	(5, 2)	(5, 3)	(5, 4)	(5, 5)	(5, 6)
6	(6, 1)	(6, 2)	(6, 3)	(6, 4)	(6, 5)	(6, 6)

- 3

순서가 있는 경우의 수

경우의 수를 구할 때 항상 순서쌍을 이용하는 것은 아닙니다. 다음은 순서에 맞추어 나열해 보면서 경우의 수를 구하는 방법입니다.

솔빈이는 2, 3, 4가 쓰인 세 장의 숫자 카드를 가지고 있습니다. 그 중에서 두 장의 숫자 카드를 꺼내 두 자리 수를 만들려고 합니다. 솔빈이가 만들 수 있는 두 자리 수는 몇 가지인지 알아봅시다. 2, 3, 4 세 장의 숫자 카드에서 두 장의 숫자 카드를 꺼내는 경우는 2와 3, 2와 4 그리고 3과 4입니다.

이때, 2와 3으로 만들 수 있는 두 자리 수는 23과 32이고, 2와 4로 만들 수 있는 두 자리 수는 24와 42 그리고 3과 4로 만들 수 있는 두 자리 수는 34와 43입니다.

2 3　　3 2　　2 4　　4 2　　3 4　　4 3

따라서 만들 수 있는 두 자리 수는 모두 6가지입니다.

또는 다음과 같은 방법으로 경우의 수를 구할 수도 있습니다.

세 장의 숫자 카드에서 두 장을 꺼내 두 자리 수를 만들 때, 어떤 숫자가 십의 자리 수와 일의 자리 수에 놓이는가에 따라 만들어지는 두 자리 수의 크기는 변합니다. 십의 자리 수에 올 수 있는 숫자 카드는 3가지이고, 십의 자리에 올 수가 정해지면 일의 자리 수에 올 수 있는 숫자 카드는 2가지가 됩니다. 따라서 만들 수 있는 두 자리 수는 3×2=6(가지)입니다. ★

-4

여러 가지 경우의 수

경우의 수를 구할 때는 그림을 그려 알아볼 수도 있습니다.

교내 체육 대회 피구 경기에서 1반부터 6반까지 서로 한 번씩 경기를 하려고 합니다. 경기를 모두 몇 번 해야 하는지 알아보기 위해 아래와 같은 그림을 그려봅시다. 그림에서 알 수 있듯이 여섯개의 반이 모두 경기를 하려면 모두 15번의 경기를 해야 합니다. 이와 같은 경기 방식을 리그전이라고 합니다.

여러 가지 경우의 수

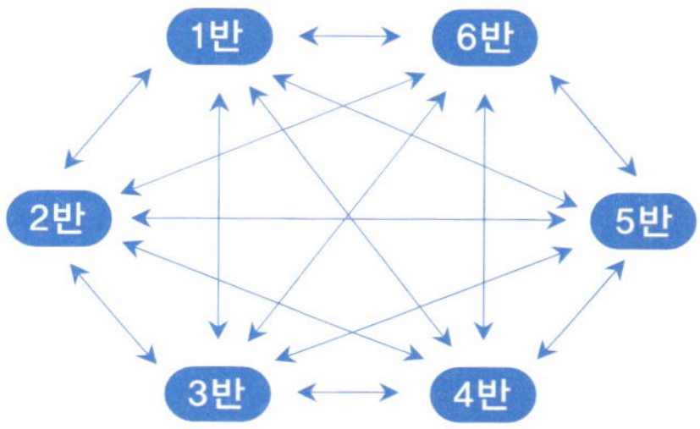

〈5+4+3+2+1=15〉

위의 방법과는 조금 다른 방식으로 경기하는 경우의 수를 구해 봅시다.

1반부터 8반까지 8개 반이 피구 경기를 다음 그림과 같이 하려고 합니다. 우승팀이 결정되려면 경기를 모두 몇 번 해야 할까요?

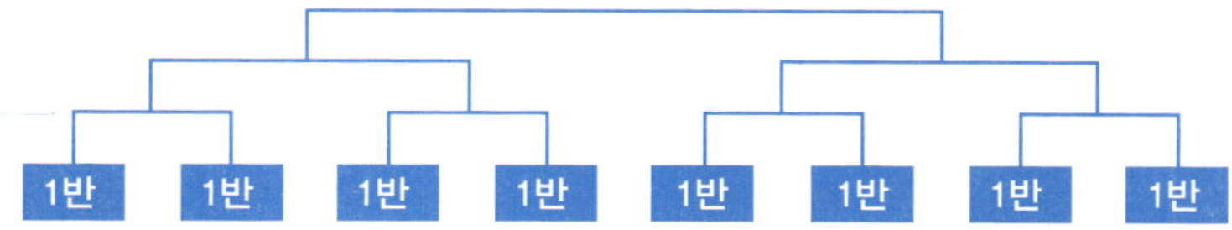

1반과 2반이 경기를 하여 이긴 팀은 0표, 진 팀은X표를 쳐 나가면서 마지막에 우승팀이 남을 때까지 경기를 하면 모두 7번의 경기를 해야 함을 알 수 있습니다. 이와 같은 경기 방식을 토너먼트라고 합니다. ★

-5

수형도를 알아봅시다

경우의 수를 셀 때 수형도를 그리면 한눈에 알아볼 수 있다는 장점이 있습니다. 그런데 수형도란 무엇일까요? 수형도에서 수(樹)는 나무라는 뜻이고, 따라서 수형도는 나뭇가지 모양의 그림을 나타내는 단어입니다.

그럼 이번에는 다음의 문제도 한번 생각해 봅시다.

솔빈이가 매일 국어, 영어, 수학 세 과목을 공부하려고 합니다. 그래서 공부할 과목의 순서를 정하려고 합니다. 모두 몇 가지 방법이 있을까요? 수형도를 통해 알아보도록 합시다.

우선 어떤 과목부터 먼저 공부할지 생각해 봅시다. 그리고 각 경우에 따라 두 번째와 세 번째 공부할 과목을 생각해 보는 겁니다. 그렇게 하면 다음과 같은 수형도를 그릴 수 있을 겁니다.

① 국어를 먼저 공부하는 경우

국어 < 영어 - 수학 / 수학 - 영어 → 2가지

② 영어를 먼저 공부하는 경우

영어 < 수학 - 국어 / 국어 - 수학 → 2가지

③ 수학을 먼저 공부하는 경우

수학 < 국어 - 영어 / 영어 - 국어 → 2가지

모두 2+2+2=6(가지)이 나옵니다. 수형도를 그리면 전체의 모습이 한눈에 들어오기 때문에 경우의 수를 쉽게 알 수 있다는 장점이 있습니다. 그렇다면 윷놀이를 할 때 나올 수 있는 경우는 몇 가지일까요? 도, 개, 걸, 윷, 모 이렇게 다섯 가지일까요?

수학톡하자 5-5

윷놀이를 할 때 나타날 수 있는 경우의 수를 수형도로 나타내 봅시다. 먼저, 윷은 등과 배로 나눌 수 있는데, 이를 그림으로 나타내면 다음과 같은 수형도가 그려집니다. 아래 그림에서 알 수 있듯이 윷놀이를 할 때 나올 수 있는 경우는 16가지이며, 16가지 중에 도는 네번 개는 여섯번, 걸은 네번 그리고 윷과 모든 각각 한번씩 나오는 것을 알수 있습니다. 따라서 윷놀이를 할 때 개가 가장 많이 나온다는 것을 알고, 이를 이용하면 이길 수 있는 확률이 높아지겠죠. ★

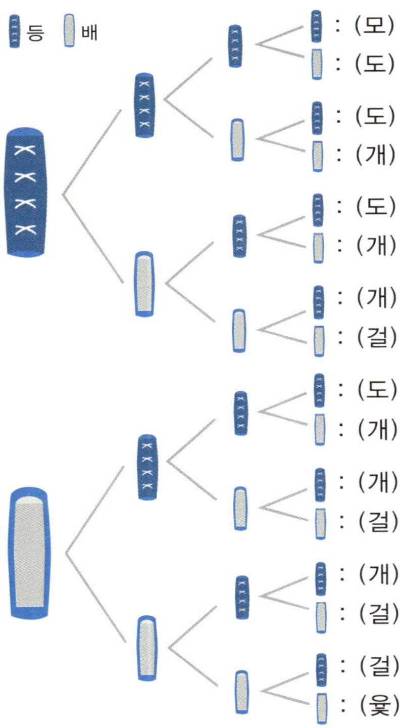

홍쌤의 수학톡하자 -확률

홍쌤의 수학톡하자

-1

확률은 어떻게 만들어졌을까?

이탈리아의 수학자 지롤라모 카르다노(1501~1576)는 상업의 중심지인 지중해 연안에 살았는데 그곳은 수많은 상인들로 붐볐습니다. 그들은 무료함을 달래려고 도박을 즐겼는데, 돈을 따기 위해서 이길 가능성이 높은 쪽을 찾으려다가 확률을 만들게 되었다고 합니다.

16세기에 유럽은 수공업적 생산 체제에서 기계를 사용한 대량 생산 체제로 전환되면서 급격한 변화를 겪고 있었습니다. 유럽의 각국은 대량 생산으로 쏟아져 나온 많은 물건을 서로 팔기 위해 무역 전쟁이 일어났으며, 드디어 바다 건너 먼 나라에까지 손을 뻗치기 시작했습니다. 이를 위해 항해에 필요한 정밀한 지도, 정확한 시계, 큰 배, 좋은 망원경, 성능 좋은 무기들에 대한 연구가 활발해졌습니다. 한편, 외국 진출의 출발지인 항구 도시는 점점 번성하여 많은 사람들로 들끓었습니다.

나가는 사람, 들어오는 사람, 머무는 사람들은 대부분 선원과 상인들이었는데, 날씨가 좋지 않아 바다로 나가지 못하거나 남는 시간 동안 할 일이 별로 없는 사람들은 술집에 둘러앉아 도박을 즐겼습니다.

카드나 주사위 게임은 시간도 때우고 돈도 벌 욕심을 채우기엔 제격이었고, 심지어는 아예 도박을 전문적으로 하는 사람들도 생겨났습니다. 16세기의 유럽은 눈에 띄게 발달했고, 중세의 엄숙했던 사회 분위기와는 달리 매우 자유로웠습니다. 그래서 그런지 돈을 걸고 승부를 다투는 게임인 도박도 손가락질을 받기보다는 돈을 벌기 위한 하나의 직업으로 여겨졌습니다. 이러한 사회적 분위기 때문에 도박을 하는 사람들이 늘어나면서 어느 쪽에 돈을 걸어야 이길 가능성이 높을지에 대한 궁금증이 커졌습니다. 그래서 사람들은 이러한 궁금증을 해결하기 위해 여러 가지 연구를 했으며, 결국 사람들의 이러한 궁금증이 확률을 탄생시킨 것입니다. 카르다노도 이러한 사람들 중 하나로 어떻게 하면 도박으로 돈을 딸 수 있을지 궁리를 하다가 다음과 같은 결론에 도달했습니다. 그 당시에는 주사위 2개를 던져서 나오는 두 눈의 합에 돈을 거는 내기가 유행을 했습니다. 그런데 사람들은 두 눈의 합이 얼마가 나오는지 그리고 어떤 수가 가장 많이 나오는지 몰랐습니다. 그러나 카르다노는 다음과 같은 수학적 표를 만들어서 두 눈의 합이 어떻게 나타나는지를 확인했습니다. 따라서 두개의 주사위를 던졌을 때 나오는 36가지의 경우 중에서 두 눈의 합이 7인 경우가 여섯번으로 가장 많으며, 확률이 $\frac{6}{36}$이나 된다는 사실을 알았습니다. 물론, 카르다노가 도박에서 돈을 많이 땄을 것이라는 것은 불보듯 뻔한 일이었습니다. ★

A \ B	1	2	3	4	5	6
1	2	3	4	5	6	7
2	3	4	5	6	7	8
3	4	5	6	7	8	9
4	5	6	7	8	9	10
5	6	7	8	9	10	11
6	7	8	9	10	11	12

-2 확률의 범위는 어떻게 될까요?

A와 B 두 사람이 가위 바위 보를 세 번 했을 때 나올 수 있는 경우의 수는 아래의 표와 같이 총 9가지입니다.

B \ A	가위	바위	보
가위	(가위, 가위)	(가위, 바위)	(가위, 보)
바위	(바위, 가위)	(바위, 바위)	(바위, 보)
보	(보, 가위)	(보, 바위)	(보, 보)

A가 이길 확률은 (바위, 가위), (가위, 바위), (바위, 보)의 경우로 9가지 중 3가지 즉 $\frac{1}{3}$이고, 반대로 A가 질 확률도 (바위, 가위), (보, 바위), (가위, 보)의 경우로

9가지 중 3가지 즉 $\frac{1}{3}$이며, 두 사람이 비길 확률도 역시 $\frac{1}{3}$입니다. A, B 두 사람이 세 번의 가위 바위 보를 할 경우,

A는 세 번을 다 질 수도 있고 → A가 이길 확률은 0

A는 세 번을 다 이길 수도 있습니다. → A가 이길 확률 1

그러므로 어떤 사건이 일어날 확률 P는 $0 \leq P \leq 1$로 나타낼 수 있습니다. 그렇다고 해서 네 번째 가위 바위 보를 했을 때 A가 이길 확률이 또 0이라거나, 혹은 또 다시 1이라고 말할 수는 없는 것입니다. 시행 횟수가 적을 때 확률이 0이거나 1이 나올지라도 시행 횟수를 늘리면 늘릴수록 결국에는 $\frac{1}{3}$이 되고 맙니다. 그렇다면 다음 사건이 일어날 확률은 얼마일까요? 1400년대와 같은 중세 시대 사람들은 달의 존재를 인정했습니다. 그런데 인간이 달에 갈 확률은 0이라고 믿었습니다. 그러나 오늘날에는 아무도 달에 갈 확률이 0이라고 말하지는 않습니다. 확률은 말 그대로 어떤 일이 일어날 가능성이기 때문에 지금의 시대 상황에서는 그 사건이 일어날 확률이 0이라고 하더라도 미래에는 얼마든지 변할 수 있는 것입니다. ★

-3

확률의 계산

18세기 프랑스의 도박자 드 메레는 당시 최고의 수학자인 파스칼에게 다음과 같은 도박과 관련된 문제를 의뢰했습니다.

친애하는 파스칼!

"나는 다음과 같은 심각한 문제에 봉착했네. 실력이 비슷한 갑, 을 두 사람이 32 피스톨(화폐단위)씩을 걸고 내기를 했다네. 한 번 이기면 1점을 얻는 것으로 하고, 먼저 3점을 얻는 사람이 64피스톨을 모두 가지기로 했다네. 이 내기에

서 갑이 먼저 2점을, 을이 1점을 땄는데, 그만 한 사람이 몸이 아파 시합을 더 이상 할 수 없게 되었다네. 이럴 경우 게임을 무효로 하자니 먼저 2점을 딴 갑이 억울해 하고, 갑이 먼저 2점을 땄으니 갑이 이긴 걸로 하자니 을의 앞일은 모르는 것인데 어떻게 판정을 내려야 할지 혼란스럽게 되었네. 도대체 64피스톨을 어떻게 분배하는 것이 좋겠나? 파스칼 자네라면 충분히 풀 수 있을 거라 믿네."

파스칼은 고심 끝에 이 문제를 다음과 같이 해결했습니다.

드 메레 보게!
"만약 시합을 중단하지 않고 계속할 경우 갑이 다음 판을 이긴다면 갑은 3번을 이기는 것이므로 갑은 64피스톨을 다 가져야 한다네. 만약 을이 이긴다면 갑이 2번, 을이 2번 이긴 것이 되므로 둘이 32 피스톨씩 나누면 된다네. 결과적으로 갑은 이기든 지든 32피스톨을 가져야 한다네. 그 다음시합에서는 이길 확률이 반반이므로 남은 32피스톨을 16피스톨씩 나누면 된다네. 따라서 갑은 32+16=48 피스톨 을은 16피스톨을 가지면 문제는 합리적으로 해결된다네." ★

-4 수학적 확률 이야기

다음의 사진과 같은 게임 도구를 여러분도 TV나 영화에서 많이 보았을 것입니다. 이것이 바로 카지노에서 많이 하는 도박의 일종인 아메리칸 룰렛입니다.

이 룰렛에는 38개의 칸이 있고, 0과 00이라고 적힌 두 칸은 녹색으로 되어 있습니다. 〈서로 마주보고 있음〉. 그리고 나머지 36칸에는 1에서 36까지의 숫자가 적혀 있는데, 반은 빨강색, 나머지 반은 검정색입니다.

게임의 방식은 이 룰렛을 한쪽 방향으로 돌리면서 반대 방향으로 공을 굴립니다. 공이 어느 숫자에 들어가느냐에 거는 $\frac{1}{38}$의 확률에 거는 방법과 빨강과 검정에 거는 $\frac{1}{2}$의 확률에 거는 방법 등, 낮은 확률로부터 높은 확률에 이르기까지 열 두 종류의 거는 방법이 있습니다.

이렇듯 수학적 확률이란 직접 시행해 보지 않더라도 계산해 낼 수 있는 확률을 말합니다. 예를 들어 주사위 한 개를 던졌을 때 1의 눈이 나올 확률은 주사위를 직접 던져보지 않더라도 $\frac{1}{6}$이라는 사실을 알 수 있습니다.

또한 동전 1개를 던졌을 때 동전의 그림면이 나올 확률도 $\frac{1}{2}$이 된다는 것을 계산해 낼 수 있는데, 이처럼 직접해보지 않더라도 계산해 낼 수 있는 확률을 '수학적 확률'이라고 합니다. ★

-5

통계적 확률이란 무엇인가?

동전의 앞면이 나올 확률은? $\frac{1}{2}$

주사위를 던져 숫자 1이 나올 확률은? $\frac{1}{6}$

이처럼 시행해보지 않아도 예측할 수 있는 확률을 수학적 확률이라고 합니다. 이에 반해 다음과 같은 내용을 예측해 봅시다.

내일 비가 올 확률은?

올 겨울 눈이 많이 올 확률은?

이와 같은 내용은 수증기의 상태나 기압배치, 온도 등 과거의 통계자료를 근거로 하여 현재의 상태를 파악한 후 내일의 상태를 예측할 수 있습니다. 즉 과거의 경험을 바탕으로 해서 통계로 처리한 것을 통계적 확률이라고 합니다.

아침잠이 많은 장원이가 내일 새벽 조깅을 할 확률은 얼마일까요? 수학적 확률로 보아야 할까요? 아니면 통계적 확률로 보아야 할까요?

조깅을 하거나 안 하거나 반반, $\frac{1}{2}$일까요? 아침잠이 많은 장원이에게 새벽에 일어나 조깅을 한다는 건 결코 쉬운 일이 아닙니다. 따라서 장원이의 과거 경험에 비추어보았을 때 내일 장원이가 새벽 조깅을 하지 않을 확률이 조깅을 할 확률보다 훨씬 높습니다. 즉 통계적 확률(경험적 확률)로 보아야 합니다. ★

홍쌤의 수학톡하자 - 통계

홍쌤의 수학톡하자

-1

전염병과 전쟁 속에서 탄생한 통계학

"신의 재앙입니다."

"사람들이 떠나고 있어요."

"어쩌겠습니까? 별다른 수가 없으니……."

"……."

템스강 유역에 자리 잡은 영국의 중심 도시 런던에서는 페스트라는 전염병 때문에 사람들이 매일 수십 명, 수백 명씩 죽어 나갔습니다. 이 병은 벼룩이나 쥐로부터

1차 감염되지만 환자의 재채기만으로도 주위 사람들에게 옮길 수 있는 무서운 전염병이었습니다.

사람들은 런던에서 발행한 사망자 일람표를 보며 한숨을 지었습니다. 그들은 주로 런던을 중심으로 장사를 하던 상인들이었는데, 어디를 가서 어떤 장사를 해야 계속해서 돈을 벌 수 있을지 막막하기만 하였습니다. 그들 중 존 그랜트라는 상인이 있었는데. 그는 크리스마스 직전에 작성된 1년 동안의 기록을 유심히 살펴보며 생각했습니다.

'계절별 사망자 수가 차이가 나는군. 교구별로도 그렇고. 어느 연령대의 사망자가 제일 많을까? 지난해에는 페스트뿐만이 아니라 콜레라로 죽은 사람들도 많았지. 런던 항이 외국 선박들로 무척이나 북적댔었는데, 혹시 무슨 관계가 있지 않을까? 오래 전 기록까지 찾아서 보다 많은 사망자 일람표를 비교하고 분석한다면 전염병은 막을 수 없더라도 상황을 잘 파악해서 보다 효과적으로 대처할 수 있을 거야.'

그랜트는 그동안 시에서 발행한 사망자 일람표를 구하기 위해 무리에서 빠져나와 곧바로 시청으로 향했습니다.

우선 사망자 일람표를 모으고, 그 기록들을 다양한 관점에서 비교하며 분석하였습니다. 그랜트는 무려 23년 동안의 사망자 일람표를 모아 다양한 관점에서 분류하고 분석하였습니다.

그는 자신의 연구 결과를 『사망자 일람표에 관한 자연적, 정치적 관찰』이라는 책으로 발행하였습니다. 그리하여 단순한 숫자표의 단계를 넘는 학문으로서의 통계학이 시작된 것입니다. ★

-2

편향된 표본이 가져온 결말

1936년은 미국의 대통령 선거가 치러진 해였습니다. 현직 대통령이었던 민주당의 루스벨트와 도전자인 공화당의 랜던이 겨룬 선거였습니다. 선거를 앞두고 당시 유명한 잡지였던 '리터러리 다이제스트'에는 누가 대통령에 당선될 것인가에 대한 추측 기사가 다음과 같이 실렸습니다.

"랜던이 루스벨트를 57:43으로 물리치고 대통령 당선 확실!"

그러나 이 잡지사의 예상은 완전히 빗나가 실제 투표 결과 38:62로 랜던의 득표율을 훨씬 앞질러 루스벨트가 당선되었습니다. 20년이 넘게 '리터러리 다이제스트'가 쌓아 올린 명성은 하루아침에 무너졌고, 얼마 후 이 잡지는 폐간되고 말았습니다.

'리터러리 다이제스트'의 예측이 이처럼 황당하게 빗나간 이유는 무엇일까요?

'리터러리 다이제스트'의 조사 대상은 전화 또는 자동차가 있거나 잡지를 구독하는 사람들이었습니다. 지금이야 전화가 없는 집이 드물지만 당시만 해도 사정이 달랐습니다. 자동차도 마찬가지였습니다.

결국 잡지사의 조사에서는 전화가 없고 자동차가 없는 사람들의 의견은 완전히 무시되었던 것입니다. 이는 표본 자체가 미국인 전체를 골고루 대표할 수 있도록 선택되지 않았다는 것을 뜻하는 것입니다. ★

-3 잘못된 표본조사로 인한 설문조사의 오류

"1924년도 예일 대학 졸업생의 현재 연간평균수입 25111달러."

미국의 유명한 주간지인 '타임'의 1954년도 판에 실린 이 기사를 본 사람들은 어떤 반응을 보였을까요?

"역시 예일 대학이군!"

예일 대학은 미국이 자랑하는 대학 중 하나였기 때문에 대부분의 사람들은 고개를 끄덕이며 상당히 높은 수준의 수입에 대해 감탄을 했을 것입니다. 그러나 이 내용을 그냥 받아들이기에는 다음과 같이 과학적이고 수학적이지 못한 측면이 많았습니다.

첫째, 조사대상이 1924년도 예일 대학 전체 졸업생이 아니다. 둘째, 조사 시기가 졸업한지 30년이라는 세월이 지났다.

다시 말해 30년이 지난 후에도 주소를 알 수 있는 사람들은 사회적으로 성공했거나 직업적으로 안정되어있는 사람들일 가능성이 높습니다. 반면 평균을 떨어뜨릴 만큼 돈을 못 버는 사람들의 경우는 제대로 답변하지 않았을 가능성 또한 높습니다.

즉 25111달러라는 평균값을 내는 데 사용된 표본은 돈을 적게 버는 쪽보다 많이 버는 쪽의 사람들에게 치우친 경우라고 할 수 있는 것입니다. ★

- 4

도수분포표란 무엇인가?

도수분포표란 한마디로 말해 수집한 자료를 도표로 정리하는 방법입니다. 즉, 많은 양의 통계자료에서 자료값의 크기에 따라 적당한 몇 개의 구간(계급)으로 나누고, 각 계급에 속하는 자료의 출현 횟수를 조사하여 정리한 것이 도수분포표입니다. 도수분포표를 통해 통계집단의 수량적 구조를 개괄적으로 파악할 수 있습니다. 도수분포표를 만들 때에는 자료의 양과 성질에 따라 적당히 계급의 크기를 정하는 것이 중요합니다.

도수분포표란 무엇인가?

어떤 사항을 조사한 자료가 있을 때 그것을 정리하지 않으면 아무 쓸모가 없습니다. 자료를 분류하고 정리하는 것은 그 자료를 조사한 목적에 따라 이루어지므로 한 자료의 정리 결과는 다양한 방법으로 표현할 수 있습니다.

[표 1]은 어느 초등학교 5학년 1반의 남녀 학생의 키를 조사한 것입니다.

[표 1]

(단위 : cm)

남 자						여 자					
번호	키	번호	키	번호	키	번호	키	번호	키	번호	키
1	138.6	11	144.0	21	155.5	31	141.2	41	152.3	51	156.0
2	138.4	12	146.1	22	154.9	32	143.6	42	152.7	52	157.2
3	144.3	13	148.5	23	158.0	33	145.5	43	151.7	53	153.7
4	146.5	14	149.5	24	162.0	34	142.7	44	150.1	54	153.8
5	144.0	15	147.9	25	164.6	35	146.3	45	151.5	55	157.4
6	144.1	16	152.9	26	162.2	36	144.5	46	152.6	56	156.9
7	147.3	17	153.9	27	164.0	37	146.9	47	151.0	57	160.2
8	144.2	18	152.8	28	165.0	38	147.4	48	149.0	58	161.2
9	146.8	19	153.7	29	168.7	39	148.1	49	153.8	59	160.2
10	146.6	20	158.7	30	171.0	40	154.8	50	153.2	60	161.3

이 표를 그냥 제시하는 것은 개개인의 키를 아는 것 외에는 별 의미가 없으므로 알아보기 쉽게 분류해서 정리

해봅시다. [표 2]와 같이 전체의 자료를 몇 개의 계급으로 나누고, 각 계급에 속하는 도수를 조사하여 나타낸 표를 도수분포표라고 합니다.

일반적으로 도수분포표를 만들 때는 계급의 크기는 모두 같게 하고, 계급의 개수는 자료에 따라 다르지만 보통 5~15개 정도로 합니다. 계급의 개수가 너무 적으면 분포 상황을 잘 알 수 없으며, 반대로 계급의 개수가 너무 많으면 자료의 특징을 알기 어렵습니다. 그러므로 조사된 자료의 성격에 따라 계급의 개수와 크기를 적당하게 잡는 일이 중요합니다. ★

[표 2]

(단위 : cm)

키(cm)	남학생 수	여학생 수
135이상 ~140 미만	2	
140~145	5	4
145~150	8	6
150~155	5	12
155~160	3	4
160~165	4	4
165~170	2	
170~175	1	
합계	30	30

-5

타율은 미래의 평균이 아니다

이 세상의 3대 거짓말은?

1. 그냥 거짓말

2. 새빨간 거짓말

3. 통계

통계에 관심이 있는 사람들이라면 아마 고개를 끄덕일 것입니다. 즉 통계란 아무리 자료를 믿을만하게 모아

놓아도 해석하는 방법에 따라 그 의미가 완전히 달라지기 때문입니다.

흔히 야구를 통계의 스포츠라고 합니다. 타율, 방어율, 출루율 등 뒤에 '율'이 붙어 다니는 기록들이 바로 그것입니다. 그러나 이러한 통계 결과는 해석을 약간만 이상하게 하면 본래의 뜻과 동떨어진 의미로 해석되기 쉽습니다.

"이대호는 올 시즌 지금까지 12경기에 출전해 타율 0.353(34타수 12안타) 2홈런 6타점을 기록했다."

이대호선수가 금년 들어 지금까지 34타수 12안타로 타율이 3할 5푼 3리일 때, 이대호선수가 남은 경기에서도 타석마다 35.3%의 안타를 칠 것이라고 예상하는 것은 위험한 일입니다.

즉 이대호 선수의 타율은 올 시즌 들어 지금까지 34타석에서 12번의 안타를 쳤다는 것이지 남은 경기에서도 계속해서 35.3%의 확률로 안타를 칠 것이라는 예측치가 아닌 것입니다. ★

홍쌤의 수학톡하자 - 그래프

홍쌤의 수학톡하자

- 1

막대그래프 이야기

학교 앞에 있는 음식점에서는 어린이들이 좋아하는 음식을 준비하기 위해 어린이 150명을 대상으로 그들이 좋아하는 음식을 조사했습니다.

어린이들이 좋아하는 음식은 표에서 보는 것과 같이 여러 종류가 있었습니다.

수학톡하자 8-1

어린이들이 좋아하는 음식

음식	김밥	햄버거	라면	통닭	떡볶이	갈비	피자	기타	계
어린이 수	26	15	44	14	17	11	13	10	150

음식점 주인은 이 표를 보고 어린이들이 가장 좋아하는 음식과 둘째로 좋아하는 음식이 무엇인지 금방 알 수 있었습니다. 그러나 좋아하는 음식에 대한 어린이의 비율을 한눈에 알아볼 수 없었습니다.

예를 들어 라면을 좋아하는 어린이의 수는 김밥을 좋아하는 어린이수의 몇 배가 되는지, 김밥을 좋아하는 어린이수는 불고기를 좋아하는 어린이수의 몇 배가 되는지 한눈에 알아볼 수 없었던 것입니다.

그래서 아저씨께서는 솔빈이에게 좋아하는 음식에 대한 어린이수의 비율을 한눈에 쉽고, 간단하고, 편리하고, 빨리 서로 비교할 수 있는 방법을 생각하자고 말했습니다. 그래서 솔빈이는 음식에 따라 어린이수의 크기를 막대로 나타내는 그래프를 그리기로 했습니다.(그래프 참조)

막대그래프 이야기

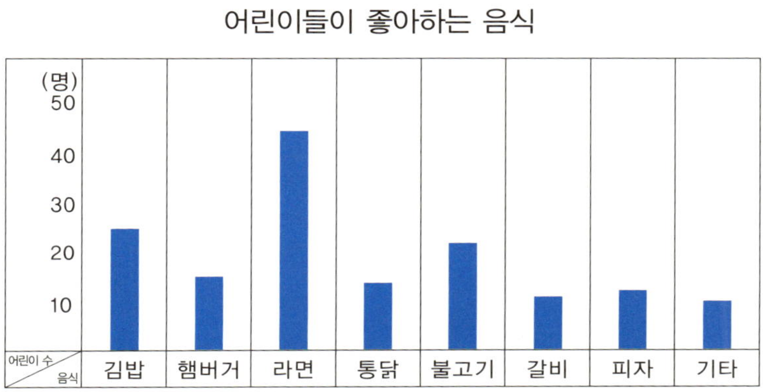

막대그래프로 그리면 어린이들이 좋아하는 음식에 대한 어린이 수의 많고 적음을 한눈에 쉽게 알아볼 수 있습니다. ★

-2

그림그래프 이야기

솔빈이는 우리나라 농촌에서는 소를 얼마나 기르고 있는지를 알고 싶었습니다.

솔빈이는 2010년 각 도별 소의 마리 수를 조사하여 다음과 같은 표를 만들었습니다.

도별 소의 마리수(2010년)

도	강원도	경기도	충청남도	충청북도	전라남도	전라북도	경상남도	경상북도	제주도	계
마리수	10만	15만	19만	11만	14만	23만	31만	18만	2만	143만

솔빈이는 각 도별 소의 마리수를 표에서 알아보는 것보다 좀 더 쉽게 알아보기 위하여 그래프를 그리려고 했습니다.

꺾은선 그래프는 시간에 따라 변하는 양을 조사하기에 알맞은 그래프이기 때문에 각 도별 소의 마리수를 나타내는 데 꺾은선 그래프는 적당하지 않고, 막대그래프는 각 도별 소의 마리 수를 한눈으로 비교하는 데 좋으나 각 도별 위치에 따라 소의 마리수를 나타내는 데는 부족하다고 생각했습니다.

그래서 솔빈이는 지도 위에 10만 마리는 두 개의 동그라미 (◎)로, 1만 마리는 한 개의 동그라미(○)로 나타내어 그래프를 그리기로 하였습니다. ★

- 3

꺾은선그래프 이야기

솔빈이는 8일 현관 밖의 온도를 오전 6시부터 오후 4시까지 2시간마다 재서 표를 만들었습니다.

시각	오전 6시	8시	10시	12시	오후 2시	4시
온도(℃)	3	5	7	11	13	10

솔빈이 친구 한결이는 이 표를 보고 '오전 9시에는 몇 도나 되었을까? 오후 5시에는 몇 도나 되었을까?' 알고

싶었습니다. 그렇지만 이 도수분포표를 보고는 온도를 알 수 없었습니다. 그래서 솔빈이에게 온도를 가르쳐달라고 했습니다.

그러나 솔빈이는 오전 9시와 오후 5시에 온도를 재지 않았기 때문에 알 수 없었습니다. 그래서 한결이는 솔빈이에게 오전 9시와 오후 5시는 온도가 몇 도이었는지를 알 수 있는 방법을 가르쳐달라고 했습니다.

솔빈이는 온도를 알아보는 방법을 알려고 선생님께 여쭈어 보았습니다. 선생님께서는 꺾은선 그래프를 그려보면 알 수 있을 것이라고 충고했습니다.

그래서 솔빈이는 시각에 따라 변하는 온도를 꺾은선으로 나타내는 꺾은선 그래프를 그리기로 하였습니다.

꺾은선 그래프를 그린 솔빈이는 "9시는 8시와 10시의 중간이니 6℃라고 예측할 수 있고, 오후 5시는 2시와 4시를 나타내는 선을 따라가면 8.5℃쯤 된다고 예측할 수 있다."고 온도를 짐작했습니다.

그래서 솔빈이는 한결이에게 꺾은선 그래프에서 9시와 8시와 10시의 중간이니 6℃라고 예측할 수 있고, 오

수학톡하자 8-3

후 5시는 2시와 4시를 나타내는 선을 따라가면 8.5℃쯤 된다고 설명해 주었습니다. ★

현관 밖의 온도

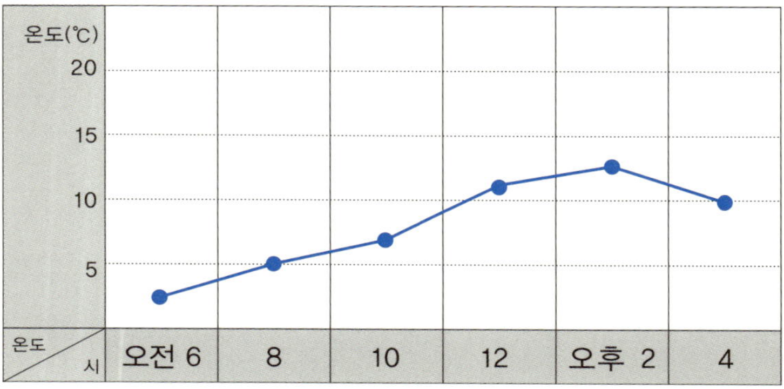

-4

띠그래프 이야기

솔빈이네 학급에서는 우리나라 사람들의 혈액형은 어떤 비율로 흩어져 있는지를 알아보려고 했습니다. 그래서 먼저 솔빈이네 학교 전교생 1200명을 대상으로 혈액형 조사했습니다.

솔빈이네 학생들의 혈액형

혈액형	A	B	O	AB	계
학생 수(명)	420	360	300	120	1200

이제 솔빈이와 친구들은 솔빈이네 학교 학생들의 혈액형은 어떤 비율로 흩어져 있는지를 알아보기 위하여 어떤 그래프를 그려야 하는지를 토론하였습니다.

수학톡하자 8-4

막대그래프를 그린다면 각 혈액형별로 서로 비교할 수는 있지만 비율을 알아볼 수 없었습니다. 꺾은선 그래프는 시간에 따라 변하는 경향을 알아보기 때문에 꺾은선 그래프도 혈액형의 비율을 알아볼 수 없었습니다. 그림그래프도 적당하지 않고, 줄기와 잎 그래프도 적당하지 않다고 생각하였습니다. 이때, 솔빈이는 좋은 아이디어를 생각해 내었습니다. 비율을 알아보는 것은 백분율이라는 것이 있으니 전체에 대하여 각 혈액형에 대한 백분율을 계산하기로 하였습니다.

A형의 백분율은 420/1200×100=35%
B형의 백분율은 360/1200×100=30%
O형의 백분율은 300/1200×100=25%
AB형의 백분율은 120/1200×100=10%

솔빈이네 학생들의 각 혈액형 비율

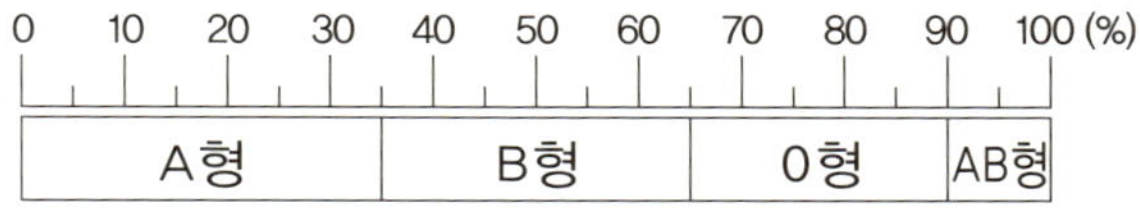

솔빈이는 전체에 대한 각 혈액형의 백분율을 그림과 같이 띠 모양의 그래프로 그렸습니다. ★

-5

원그래프 이야기

솔빈이네 학교에서 실시한 어린이 회장 선거에서 입후보자들이 얻은 득표수는 어떤 비율로 흩어져 있는지를 알아보려고 하였습니다.

그래서 먼저 솔빈이네 학교의 어린이 회장 선거에서 입후보한 후보자들의 득표수를 조사했습니다.

수학톡하자 8-5

어린이 회장 선거 입후보자의 득표수

입후보자	한결	예진	기성	은비	계
득표수(표)	240	120	150	90	600

이제 솔빈이와 친구들은 솔빈이네 학교 어린이 회장 선거 입후보자들의 득표수는 어떤 비율로 흩어져 있는지를 알아보기 위하여 어떤 그래프를 그려야 하는지를 토론하였습니다.

많은 친구들은 비율을 나타내는 그래프로서 띠그래프가 좋다고 찬성하였습니다. 그런데 지혜는 다른 의견을 제시하였습니다. "띠그래프는 선거 후보자들의 득표수의 비율을 띠처럼 한 줄에 나타내기 때문에 직접 비교하는 데 어려움이 있을 것입니다. 그러므로 다른 그래프를 생각해봅시다."고 제안했습니다.

그때 솔빈이가 좋은 아이디어를 생각해냈습니다. 비율을 알아보는 그래프는 띠그래프 외에 원 그래프라는 것이 있다고 이야기했습니다. 원에 각 후보자들의 득표수를 나타내기 위하여 원의 중심각을 계산해야 한다고 말했습니다. 그래서 원그래프를 그리기 위하여 전체에 대한 각 입후보자 득표수를 나타내는 중심각을 계산하기로 했습니다.

한결의 중심각은 240/600×360=144
예진의 중심각은 120/600×360=72
기성의 중심각은 150/600×360=90
은비의 중심각은 90/600×360=54

솔빈이는 전체에 대한 각 입후보자들의 득표수를 그림과 같이 원에 그래프를 그렸습니다. ★

어린이 회장 입후보자의 득표 비율

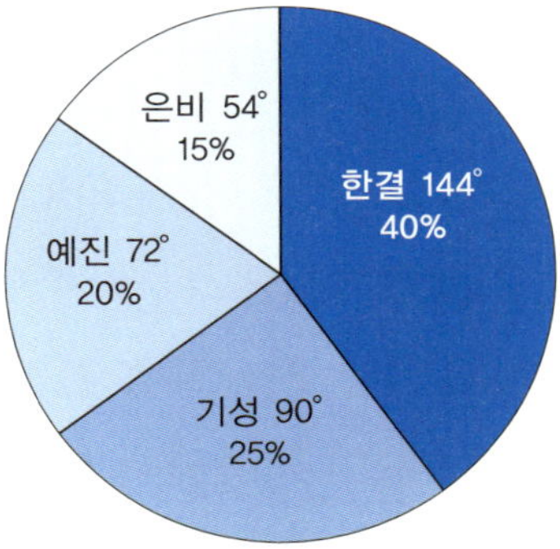

-6

줄기와 잎 그래프 이야기

솔빈이와 친구들은 마을에 살고 계시는 사람들 중에서 20세 이상인 어른 28명의 나이를 조사하였습니다.

〈표 1〉 20세 이상 어른들의 나이

21	36	47	54	25	34	68
43	72	62	56	29	48	34
52	39	51	63	69	67	46
40	53	68	62	78	65	29

그런데 솔빈이는 어른들의 나이가 어떻게 흩어져 있는지를 알고 싶었습니다. 그래서 표를 만들었습니다.

〈표 2〉

나이	20대	30대	40대	50대	60대	70대	계
사람(명)	4	4	5	5	8	2	28

그런데 표에서는 각 나이대별로 사람 수는 알 수 있지만 구체적인 나이를 알 수 없는 단점이 있었습니다. 그래서 각 나이대별로 사람 수도 알 수 있고, 구체적인 나이를 알 수 있는 방법을 알아보기로 하였습니다.

이때, 솔빈이는 책에서 읽었던 줄기와 잎 그래프가 생각났습니다. 예를 들어, 21세의 경우에는 십의 자리 숫자 2를 줄기라 하고 세로선의 왼쪽에, 일의 자리 숫자 1은 잎이라 하고 세로선의 오른쪽에 나타내면 된다고 말하였습니다.

선생님은 솔빈이가 그린 줄기와 잎 그래프를 보고 "줄기와 잎 그래프는 나이대별로 사람 수도 알 수 있고, 구체적으로 나이도 알 수 있어서 막대그래프보다 좋은 것

같다."고 칭찬해 주었습니다.

줄기와 잎그래프는 여러 가지 정보를 한꺼번에 알 수 있기 때문에 최근에는 이 그래프의 인기가 높아지고 있습니다. 예를 들어, 위의 그래프에서 쉽게 알 수 있는 사실은 다음과 같습니다.

첫째, 나이가 가장 많은 사람은 78세이다.

둘째, 나이가 가장 어린 사람은 21세이다.

셋째, 가장 많은 사람들이 60대에 몰려있다.

넷째, 70대 노인들의 수가 가장 적다.

다섯째, 마을 성인들의 평균 나이는 약 51세이다. ★

줄기와 잎 그래프

줄기	잎						
2	1	5	9	9			
3	4	4	6	9			
4	0	3	6	7	8		
5	1	2	3	4	6		
6	2	2	3	5	7	8	9
7	2	8					

교우수학놀이공원 3

홍쌤의 수학톡하자 ③ 입체도형과 확률

초판 1쇄 발행 | 2014년 7월 15일

지 은 이 홍선호
펴 낸 이 오상훈
펴 낸 곳 교우미디어

주 소 서울특별시 동대문구 약령시로 8 교우빌딩 2층
전 화 (02) 925-2866
팩 스 (02) 925-2860
이 메 일 kyowoo@kyowoo.co.kr
홈페이지 www.kyowoo.co.kr
등록번호 제305-2011-000007호

ISBN 979-11-85417-02-8 74410
978-89-968148-0-1 (전5권)
값 9,000원

교우미디어는 교우사의 임프린트 출판브랜드입니다.